TIEXINHUA

贴心话

把话说到客户心坎上，
你的话就能卖个大价钱

宋犀堃◎著

北方妇女儿童出版社

长 春

图书在版编目（CIP）数据

贴心话 / 宋犀堃著 . -- 长春：北方妇女儿童出版
社，2015.11
　　ISBN 978-7-5385-9459-1

　　Ⅰ．①贴… Ⅱ．①宋… Ⅲ．①销售－口才学 Ⅳ．
① F713.3② H019

　　中国版本图书馆 CIP 数据核字 (2015) 第 218741 号

出 版 人　刘　刚
出版统筹　师晓晖
策　　划　慢半拍　马百岗
责任编辑　张晓峰　苏丽萍
封面设计　回归线视觉
开　　本　710mm×1000mm　　1/16
印　　张　16
字　　数　240千字
印　　刷　北京盛华达印刷有限公司
版　　次　2015年11月第1版
印　　次　2015年11月第1次印刷

出　　版　北方妇女儿童出版社
发　　行　北方妇女儿童出版社
地　　址　长春市人民大街4646号
　　　　　邮　编：130021
电　　话　编辑部：0431-86037512
　　　　　发行科：0431-85640624

定　　价　39.80元

前言

"现在的销售是越来越难做了！"

"竞争太激烈了，我的好多老客户都被抢走了！"

"订单太难拿了，现在的客户越来越难说服！"

"现在的人砍价真厉害，再这样下去，就没有利润可言了！"

……

如果你是一位销售员，是不是会感觉上面的话非常耳熟？没错，现在的市场竞争确实非常激烈，反映到奔波在市场第一线的销售员身上，就会感觉订单越来越难拿，客户越来越难"伺候"。

有些销售员，专业知识很渊博，介绍起产品来口若悬河，滔滔不绝，客户却一点儿也不愿意听，唯恐避之不及。

有些销售员，屡败屡战，愈挫愈勇，天天去纠缠客户，业绩还是毫无起色。

有些销售员，订单拿了不少，但被客户挥刀猛砍，导致利润越来越低，甚至有时还要亏本。

这些销售员，把所有的问题归结到竞争激烈上，真的是这样吗？

那为什么有些销售员，他们每天花的时间远少于同行，业绩却远远高于别人？为什么他们惜字如金，说话不多，却能轻松说服客户购买自己的产品？

为什么他们从来不背诵那些专业的营销知识，却能培养出一大群回头客？

差距究竟在哪里？

差距就在于，前者没有掌握高明的销售话术，缺乏真正有效的沟通技巧。

著名销售大师戴尔·卡耐基曾说："一个人的成功，约有 15% 取决于知识和技术，另外的 85% 则取决于沟通——发表自己意见的能力和激发他人热忱的能力。"可以说，没有相应口才技能的销售人员将很难在这个竞争激烈的市场中博取自己的一席之地。

"交易的成功，往往是口才的产物"，这是美国的"超级销售大王"——弗兰克·贝特格近三十年推销生涯的经验总结。因此，可以这样说，对于销售人员来说，哪里有声音，哪里就有了力量；哪里有口才，哪里也就吹响了战斗的号角，进而也就有了成功的希望。

可以这样说，销售工作就是要通过说服客户来达成交易。如果销售人员口才不济，就无从与客户进行有效的沟通，也就谈不上对客户的说服，进而也就无法成功地达成交易。

当然，对于销售人员来说，所谓的"口才"并不是能说，说起来口若悬河、滔滔不绝，而是要会说，话不在多，句句能说到点子上，能够打动客户。

那么，如何运用自己的语言来打动客户呢？唐代大诗人白居易说："动人心者莫先于情。"意思是说，要说服人、打动人，必须动之以情，言语必须是诚心诚意的，发自内心，富有人情味和同情心，让人听后觉得你是真心为他好，是设身处地地为他着想，而不是在应付他。相反，冰冷的态度、程式化的言辞，都会引起对方的逆反心理，增加说服的难度。

因此，你的话越真诚，越贴心，就会越容易获得客户的信赖，得到客户的认可。客户一旦动了心，你的订单还会跑吗？

本书内容涵盖了从开场寒暄直到售后服务的整个销售过程，通过大量鲜活、经典的案例，介绍了销售高手们在吸引客户的注意力、探明客户的真实需求、介绍产品、化解客户的异议、应对不同类型的客户、讨价还价、促使客户完成交易以及解决售后问题等各个环节中使用的沟通技巧和话术秘诀，深入剖析了销售沟通不畅的症结所在，教你如何将话说到客户的心坎上。

目录

介绍产品
好处说透，益处说够

换位思考
将心比心的话最动听

因人而谈
把话说到每一个客户的心坎里

循循善诱
让客户顺着你的思路走

巧言释疑
把客户的异议变成满意

起死回生
妙言巧语应对拒绝

讨价还价
好价格是谈出来的

一锤定音
坚定客户购买的决心

售后服务
贴心话温暖人心

第一章

巧妙寒暄
暖心的开场白会黏人

◎您这么忙还抽出时间来接待我，真是非常感谢！

◎您的服装搭配得既简洁又显档次，一看您就是个有品位的人。

◎王姐，好久不见了，您最近怎么都没来店里坐坐啊？我们前两天还说起您了呢，大伙都怪想您的。

◎丁先生，您工作这么忙，精神头还这么足，有什么保健妙招啊？

◎这是您的孩子吧？一看就是个乖孩子，我的孩子也这么大，可是淘得很。

◎听说这一块儿您最会做生意，今天我是特地来向您讨教真经的。

◎欢迎光临！先生家里是要装修吧？您先随便看看，有什么需要，随时招呼我！

◎欢迎光临××品牌店！很荣幸能为您服务。您是第一次到我们店吗？您是想先自己看看呢，还是让我帮您介绍一下？

打破心墙，一句"谢谢"暖人心

法国空中客车飞机制造公司有个销售能手叫贝尔纳·拉迪埃。当他被推荐到空中客车公司时，面临的第一项挑战就是向印度推销飞机。

向印度推销飞机是一项十分棘手的任务。因为这笔交易虽然已经通过了印度政府的初审，但是并没有获得批准。此行能否成功，全看销售代表的谈判能力了。贝尔纳·拉迪埃肩上的任务十分艰巨。

贝尔纳·拉迪埃到达新德里时，接待他的是印度航空公司的主席拉尔少将。见到拉尔少将时，贝尔纳·拉迪埃的第一句话是："谢谢你，拉尔少将！正是因为你，才使我有机会在我生日这天又回到了我的出生地！"

这句开场白简明、得体，其中包含了好几层意思：首先，他告诉对方今天是自己的生日，并且自己是新德里人，在自己这个值得纪念的日子里回到故乡，这何尝不是让人高兴的事情呢？其次，他告诉对方，之所以自己能有这个难得的机会，正是由于要同对方谈判才得到的。所以也可以说，这个契机是对方给予自己的。这难道不应该感谢对方吗？

这个开场白在拉尔少将听来，当然非常受用，由此，一见面他就对贝尔纳·拉迪埃有了好感。这一句简单的开场白成功地拉近了贝尔纳·拉迪埃与拉尔少将的距离。

最终，贝尔纳·拉迪埃靠着娴熟的谈判技巧，为空中客车公司拿下了这宝贵的一单。

贝尔纳·拉迪埃的成功在于他第一次与客户见面时，用感谢式寒暄法拉近了与客户的心理距离，为接下来的谈判工作做好了铺垫。

与客户访谈或交流时，如果在对方心墙高竖的情况下，是难以进行实质性的沟通，也很难赢得客户的信任，并说服客户成交的。

所以说，面对陌生的客户，尽快拉近彼此的心理距离是销售成败的关键。

我们知道，在体育比赛之前，需要做一些热身运动。其实，与客户的开场寒暄就相当于销售行为的热身运动。寒暄可以使双方解除心防，在一种轻松的氛围中进行交流。因此，看似随意的寒暄，却有着不可忽视的大作用。

再来看下面一个场景：

> 销售员钟丽如约来到客户办公室。
>
> "陈总，您好！您这么忙还抽出宝贵的时间来接待我，真是非常感谢啊！"（感谢客户）
>
> "陈总，看您的办公室装修得这么有品位，您肯定是个做事很讲究的人！"（赞美客户）
>
> "陈总，这是我的名片，请您多多指教。"（以交换名片作自我介绍）
>
> "陈总以前接触过我们公司吗？"（停顿片刻，让客户回想或回答，给客户留时间）
>
> "我们公司是国内最大的为客户提供个性化办公方案服务的公司。我们了解到现在的企业不仅关注提升市场占有率和利润空间，同时也关注如何节省管理成本。您作为企业的负责人，肯定很关注如何最合理地配置您的办公设备，以尽可能的节省成本，所以，今天特地来拜访您，看我们公司有没有能帮到您的。"（介绍此次来的目的，强调客户的利益）

"贵公司目前正在使用哪个品牌的办公设备？"（让客户开口）

"来，钟小姐，我们坐下谈。"

从这个例子可以看出，钟丽用一句感谢式开场白拉近了与客户的距离，赢得了客户的好感和信任，从而得到了与客户继续交谈下去的机会。

"感谢"是开场白中的万能工具，在任何场合都可以使用。这主要是因为：首先，感谢式开场白的语言组织门槛不高，只要点明一下相关情况，比如，客户付出的时间、客户给你的机会，或者仅仅感谢一下客户的配合即可；其次，感谢式的开场白在情感上容易被人接受——感谢对方能够让对方心情愉悦，从而使双方的关系变得更加亲近融洽。

感谢式的开场白虽然相对来说比较简单，但是以下几点还是非常值得我们注意的：

首先，表达感谢时要面带微笑，因为任何板着面孔说出来的感谢都会使谢意大打折扣，也会使被感谢者情感上难以接受，认为对方完全是迫于形势表达的违心的感谢。

其次，表达谢意时要做到声情并茂。表达感谢者在说感谢的话语时注意语调要欢快明亮而不要沉缓喑哑，吐字要清晰而不要含混不清，同时保持语速适中，不急不缓，以使对方觉得你的感谢充满了诚意。如若不然，会使人感觉冷淡、虚假。

其实，对于销售员而言，你的工作、业绩、薪水、晋升等，换句话说，你的整个事业都应该是每一位客户给予的，难道他们不值得你真心感谢吗？从这个意义上来说，发自内心地对他们说声"谢谢"不是件难事吧！

温馨寒暄，让交易充满人情味

寒暄就是唠家常，比如说，谈一些轻松的话题、聊一些对方关心的问题、说一些互相恭维的话，等等。寒暄看上去很简单，但功效不可忽视。因为唠家常似的寒暄可以缓解第一次接触时彼此的紧张状态，解除双方心中的警惕，缩小距离感，从而建立起可信赖的关系。几句得体的寒暄会使气氛变得融洽，有利于顺利地进入正式交谈。

很明显，用寒暄作为销售的开场白对于迅速拉近销售员与客户间的距离是十分有效的。因而一个成功的推销员特别注重利用寒暄开启法抓住客户的心。一个无法抓住客户的心并与之建立感情的销售员不是一个合格的销售员，因为对于他而言，交易能否进行下去尚且是个问题，更别提交易成功的可能性了。

一位客户讲述了自己的一次经历：

> 那一年我想买车，经过无数次的比较，我选定了 A 车。来到 A 车展售中心，我开门见山地向业务员表示："我比较中意这款车。请问在车上再加装两个音箱多少钱？"
>
> "这要看你喜欢哪一种的音箱，我才好给你报价！"
>
> "噢！那再加个导航呢？"
>
> "这也要看你要哪种导航。"
>
> "那隔热纸呢？"
>
> "隔热纸也分很多等级，要看你要哪一级的！"
>
> "噢！"
>
> 这时电话铃响，业务员去接电话，我借机开溜！

按理说，对于销售员而言，遇到一个已经决定购买的客户，交易的成功率是极大的。因为销售员不用再浪费双方的时间去向客户推销自己的产品，只需要强化客户购买的决心，消除客户的犹疑心理。对于这个案例而言，这位销售员当时应进行的工作是尽自己最大的能力给客户所有的疑问以满意的回答。

但这桩即将成功的买卖还是失败了。这是为什么呢？有人问这位客户："你为什么要开溜？"这位客户回答："那是因为我从销售员身上感觉不到热情，好像我求他似的。我担心一旦购买以后的售后服务也是这么爱答不理的。"

从上述客户的回答中，我们不难看出销售员犯的三个错误：

一是他没有经过寒暄就直接谈到商品的本身。这让客户感觉到这场交易没有人情味，心里别扭。

二是在整个交流过程中，客户反客为主，掌握了整个谈话的主导地位，而销售员则是在被动地回答客户，没有履行推销展示的义务。这让客户怀疑对方的诚意。

三是销售员与客户在洽谈中跑去接电话，这给客户的感觉"商家并不以我为中心"。因此对交易之后的服务，客户产生了怀疑。

那么，销售员该怎样利用寒暄来促进销售呢？让我们来看一个成功的案例。

> 销售人员：小姐您好！请这边坐。准备拍婚纱照吗？
>
> 小姐：是。
>
> 销售人员：是朋友介绍过来的？还是路过看到进来的？（收集资料）
>
> 小姐：我刚好路过。
>
> 销售人员：婚期什么时候呢？（收集资料）
>
> 小姐：下个月底。

> 销售人员：一看你就是个做事周全、很有计划性的人！这几天拍的话时间比较合适，因为照片从拍到取件一般需要二十多天，要是再晚些拍，怕会耽误您的大事呢。正巧近期店里新推出几套性价比很高的优惠套系，我来给你介绍一下。
>
> 销售人员：我觉着这套最适合您的情况，不错吧？来，你把订单填一下，我马上给你找我们店最好的摄影师安排拍照时间。
>
> 小姐：好。

在谈话的开始，这位影楼的销售人员就占据谈话的主动权，对客户的心理进行全方位的把握，并由此收集总结客户的情况（即需求），然后有针对性地为客户选择和介绍合适的产品和服务。在介绍的过程中，她适时地恭维客户（称客户做事周全，很有计划性），并用优惠政策套牢客户的心，强化了客户的购买欲望。

在这一销售过程中，这位销售人员看似无心却有心的开场，首先让客户放下戒心，轻松进入互动。那拉家常似的介绍，让客户感觉到销售员的热心。这位销售员充分抓住了客户的心理，拿下了这一单。

通过以上案例，我们可以总结出"寒暄开启法"的要点：

（1）找到轻松的话题。

（2）尊重对方。

（3）准备充分。

（4）得体而不过分的恭维。

巧妙迂回，让题外话拉近彼此距离

在销售过程中，当销售员听到客户说"我对这个很感兴趣""我很喜欢这个款式"时，往往就像抓住了救命稻草一样，"穷追不舍"地向客户介绍关于"感兴趣"产品的好处，滔滔不绝，唾沫横飞，说到客户厌倦为止，说到客户离开为止……怎么就离开了呢？许多销售员都会对这样的结果十分困惑。

日本寿险"推销之神"原一平在谈到自己多年的销售经验时说："简单的题外话是建立人际关系的基石，也是向客户表示关心的一种行为，它的内容和方法使用得是否得当，往往是成交的关键。所以我们要更加重视。"

作为销售员，你一定很想把产品卖出去，但面对陌生的客户，一上来就介绍自己的产品难免会让人产生厌恶、抗拒的心理。

因此，在面对客户时，当你通过聊些题外话做了铺垫，客户就会感到放松、舒心，销售的氛围就会变得好起来。

> 在一家服装店，销售员是这样与客户进行谈话的。
>
> 客户："蓝色给人一种清新自然的感觉。我比较喜欢蓝色调的衣服。"
>
> 销售员一听，马上开始为客户介绍说："我们这里有很多蓝色调的衣服，您想要哪种款式？"
>
> 客户："好的，我再看看吧"。
>
> 说完，客户转身离去了。

客户还没表明自己的意愿，就被销售员的"热情"和"直接"给吓跑了。假如我们不那么着急，换一种说法会怎样呢？

> 销售员："是啊，蓝色给人一种豁达的感觉，我也喜欢蓝色。"
>
> 客户："我还收集了很多蓝色的领带呢。"
>
> 销售员说道："是吗？您对蓝色真是情有独钟啊！前几天我们店正好刚进来一批蓝色系的服装，您要不要看看呢？"
>
> 客户："那可太好了，找出来我看看。"

这样的引入是不是更容易让客户按照我们的建议去做呢？既能让客户心情愉悦，又能为交易创造一种轻松舒适的氛围。如果你的注意力一直在产品上，或许客户就会顾虑重重，甚至直接离开。

下面我们再来看一下这位保险销售员是怎样在初次接触的情况下成功推销儿童保险的。

> 销售员："您好，张先生，这是我的名片。"
>
> 递上名片后，销售员环顾了一下四周，发现客户的桌子上摆着许多优秀员工的奖杯。
>
> "您获得过这么多的荣誉，真是我们学习的榜样啊。"
>
> 张先生："哪里哪里，你过奖了。"
>
> 销售员："您家里布置得真是别致，咦，这张相片是您儿子的吧？"
>
> 张先生微笑着说："是啊。"
>
> 销售员："孩子也报了不少特长班吧？"
>
> 张先生："可不是，现在这些孩子教育方面的花费太高了。培养一个孩子真是不容易啊。"
>
> 销售员感同身受："是啊，哪个父母不想让自己的孩子成龙成凤呢？为了孩子投资再多也是应该的啊。"

> 张先生点点头："是啊！为了孩子，我们辛苦点也没什么。"
>
> 销售员："您有没有想过为孩子储备一些教育基金呢？等孩子上大学的时候，就不用为他的学费犯愁了。"
>
> 张先生："那倒没有，不过你的提议确实很不错。"
>
> 销售员笑着说："是吗？张先生真是一个有远见的人啊！如果您有这方面的需要的话。我很乐意为您服务。"
>
> 这时销售员才把他准备已久的保险单拿出来，为张先生做具体的介绍。

上面这个例子，销售员就是通过看似无关的题外话，一步步地将话题引向自己销售的产品。客户在不知不觉中已经开始慢慢接受你、信任你。这样做，订单还会跑掉吗？

因此，在销售之前，恰当地和客户聊一些其他话题，不失为一种良策。一些看似无关紧要的话题，却能在初次见面时消除双方的心理芥蒂，拉近彼此之间的距离，使交易更顺利地进行。

制造共鸣，成为客户的"自己人"

在拜访客户时，如果能让客户感到我们是"自己人"，那么我们与客户谈到一起的概率就高，彼此融洽的速度就快。这是因为人与人之间相处时，喜欢找出彼此的"共同点"，愿意同与自己具有相似之处的人交往，这种相似可以是个人嗜好、性格特征、生活习惯、穿着谈吐、经历见闻等。总之，相似点越多，彼此之间的亲和力就越强，就越能接纳和欣赏对方，也就越容易沟通。所谓的"物以类聚，人以群分"就是这个道理。

所以，销售员在拜访客户时应该首先建立彼此的共鸣，尽量先谈一些无关的话题，例如，彼此的经验、嗜好或家庭，让双方多了解一下，发现彼此的共同点。这样，我们才能找到与客户的共同话题，从而打开谈话的局面。

> 一位销售员到一家公司去销售复印机，费了好大的劲才见到经理。
>
> "我暂时不需要复印机，谢谢你。"经理爱答不理地说道，说完继续埋头摆弄他手里的鱼竿。
>
> 销售员看着经理手里的鱼竿。
>
> "王经理，这是富士竿吧？"
>
> "唔，是啊，我新买的。怎么，你也懂钓鱼？"
>
> "周末有时间的时候爱出去钓钓。觉得挺有意思的，不过技术不太行。"
>
> "是啊，钓鱼看着简单，这玩意儿里面的学问大了去了，不说别的，你就说这鱼竿吧……"
>
> 俩人越谈越投机，经理好像遇到了知音，十分开心。这位销售员也在双方融洽、愉快的交谈中促成了生意。

在这个案例中，销售员在销售即将结束的时候发现他和客户的共同爱好——钓鱼，于是，把话题从自己销售的商品转移到客户感兴趣的鱼竿上，这样，交谈氛围变得融洽起来，客户对销售员的信赖感也就随之产生。这样，成交也就不再是什么难事了。

有些销售人员为什么会在面对客户时有"话不投机半句多"的感觉呢？原因是交谈双方的兴趣点不一致。而一旦你找到了客户感兴趣的话题，就很容易打开一条沟通渠道，客户就非常愿意沟通，有表达的欲望，那么沟通就变得比较容易了！所以，跟客户建立信赖感，就要谈他感兴趣的话题。

人过一百，形形色色。面对不同的沟通对象，我们必须采用不同的沟通话题，话题一定要能激起沟通对象的共鸣，如此对方才会愿意跟你交谈，进而对你产生信赖感。那么，不同类型的客户，其感兴趣的话题都有哪些呢？

1. 少年——喜欢谈他（她）们的偶像

少年时代是个多梦的年代，每个少年都有自己的偶像。因此，聊聊他们的偶像，会很容易地拉近与他们的距离。这个年龄段的孩子逆反心理比较严重，所以千万不要跟他们对着干。

2. 青年——女青年爱谈美丽和时尚，男青年爱谈理想和成功

青年女性是美丽和前卫的追崇者，所有与青春和时尚有关的事物都是她们所津津乐道的话题。时装、美容、瘦身等一般是她们所关注的，谈论起来也会口若悬河，乐此不疲。如果你想和她们拉近距离，做成交易，不妨从这些话题开始。

对于二十多岁的青年男士而言，他们刚刚步入社会，还一无所有，但他们志向远大，渴望成功，只是缺乏资历和阅历。他们最关注的就是如何设计人生，如何获取成功。因此，谈梦想，谈未来，最能吸引他们的注意力。

3. 中年——成功男爱谈事业，普通男爱聊平淡；女人好聊孩子教育

中年男性客户可以分为成功中年男性和普通中年男性。成功男士最爱谈的是事业，尤其是创业史、发家史。越成功的人，越爱分享这些，越需要得到别人的认可和尊重。如果一个亿万富翁被放逐在深山老林，三年后很可能会郁闷而死。为什么呢？因为在那样与世隔绝的环境里，他得不到别人的认可，也得不到别人的赞美。卡耐基先生说过，人最终、最深切的渴望是希望获得成为重要人物的感觉，对于成功男士来说更是如此。所以，创业史和发家史成了他们津津乐道的话题。

针对普通的中年男人，就谈一句话："平平淡淡才是真啊！"对他们来讲，平平淡淡才是真正的生活，平平淡淡才是人生的真谛。他们已经过了而立之年，事业上没有太大的成就，也没有其他值得炫耀的地方。其实，他们也不是不想努力，也想用心付出，想做得轰轰烈烈，但由于种种原因，他们的人生已经这样了。

针对中年女性应该谈孩子，具体来讲，就是谈孩子的教育问题。中年妇女最关心的是孩子的教育问题。作为母亲，她们总觉得这一生好像没有接受很好的教育，希望不要在孩子身上留有遗憾，一定要把孩子教育好。如果你和她们说起哪里有一个辅导班，哪里开办了一个演讲口才夏令营，什么方法可以提高孩子的成绩，等等，她们一定会兴趣盎然地听你讲下去。

4.老年——女人最爱谈健康，男人最喜欢聊过去的辉煌经历

老年女性客户大都没有事业和儿女的牵绊，会将精力放在自己身上，如何度过一个愉快的晚年是她们最关注的。而人到老年，身体就会大不如前，如何健康生活便成了老年人关注的一个重要话题，健康也就最能吸引她们的眼球。稍微留心一下你会发现，早上扭秧歌最起劲的是老太太，保健品推广会上听众最多的也是老太太。为什么呢？因为她们更重视健康。

健康虽然也是老年男性客户们关心的话题，但最能激发他们沟通兴趣的还是他们过去的经历。一个男人走过自己的大半生，总有一些值得骄傲和回忆的事情。跟他们谈及这些，他们就特别有感觉，特别愿意谈。这个阶段的男性通常都是退休在家，没有了职务和权力，内心就容易形成强烈的失落感。这时，唯一值得慰藉的就是他们丰富的经历和辉煌的历史。

总之，想让客户建立对你的信赖感，把你当成"自己人"，就一定要找到对方感兴趣的话题。在对共同兴趣、爱好、经历的交谈中，你们会制造出情感上的共鸣。这个时候再来谈销售，结果自然是皆大欢喜。

亲切自然，热情的语言最动人

一个人最让人无法抗拒的魅力就在于他的热情。一个人是否热情，决定了我们能否喜欢他、亲近他、接受他。热情感染着我们的情绪，带给我们美妙的心境，让我们感到愉快和兴奋。尤其对于你的客户来说，热情的话语是一种潜在的力量，它会在无形之中转变客户的态度，激发客户的购买欲望，

满足客户的实际需求，达成共赢的销售目标。

美国通用公司前总裁瓦格曾说："热情是一笔财富，他的价值远胜于金钱和权势。他可以帮你消除客户的偏见和异议，为你扫清销售障碍，让你始终无往不胜。"

我们来看看被誉为"世界上最伟大的推销员"的乔·吉拉德是怎样用热情来推销他的汽车的。

> 　　一天，一位中年妇女来到乔的汽车推销室观摩汽车，并且告诉乔今天是她的生日，想买一辆白色汽车作为自己的生日礼物。
>
> 　　乔听完之后，很热情地说了一句："哦，那太好了，夫人，祝您生日快乐。"随后便为她介绍各式各样的新式汽车，并让她观看各种车模展示。然后自己出去了一下。
>
> 　　等他回来之后，亲切地问道："夫人，您看好了吗？"说着从身后拿出一束鲜花献给了她："生日快乐！"
>
> 　　这位客户既感动又惊讶："谢谢你，我好久都没有收到生日礼物了。本来今天是打算买福特的，但现在感觉雪佛兰也不错。"
>
> 　　说完，她很快就签了单。

正是一种让人无法拒绝的热情，让客户改变了初衷，让乔赢得了一单生意。

可以说，热情洋溢的开场白能帮助你触动客户的心弦。但是，这种热情一定要拿捏好分寸和尺度。恰到好处的寒暄能够让客户感受到亲切自然，而过度热情的寒暄则会使客户感到虚伪厌烦。

寒暄的最高境界就是：客户觉得和你有话可谈，能够与你成为知心朋友，并对你充满信任。我们来看看下面这个例子：

在咖啡厅里，一位衣着华丽、气质高雅的女士正在喝咖啡，这时钟缇走过来，礼貌地对这位女士说："您好，我可以坐在这里吗？"

这位女士抬头看了一眼钟缇，没有说话，只是轻微地点了一下头。

钟缇坐下之后，看了看窗外："今天的天气真不错，阳光明媚。"

面前的女士回答说："嗯，我也觉得挺好的。"

钟缇："可能这话在您听起来有些突兀，不过我还是想说，您的这身衣服看起来很别致，跟您的气质特别搭，这才让我在不知不觉间注意到了您。您的这身衣服一定价值不菲吧？"

这位女士听到钟缇的话，随后就滔滔不绝地说了起来。她告诉钟缇，这件衣服是她丈夫从国外为她带回来的礼物。她生活得很幸福，并且还有一个两岁的女儿。

听到这些，钟缇询问面前的女士："那您想不想让自己的幸福更有保障呢？"然后抓住时机告诉对方自己的职业……就这样，钟缇不仅成功销售出去了一份保险，而且还跟这位女士成了好朋友。

钟缇在寒暄过程中，恰到好处地体现了自己的热情。虽然只是寒暄之语，但是客户听后感觉非常舒服，有效消除了客户的排斥心理，迅速赢得了客户的好感，为成功销售做好了铺垫。

那么，如何使你的寒暄既能显得热情，又不使人生厌呢？这就需要注意以下几点。

1. 配合主动热情、诚实友善的态度

寒暄时选择合适的方式、措辞是十分必要的，但是这种合适的方式、措辞的表达，还需要配合主动热情、诚实友善的态度。试想，如果别人面无表情地对你说"我很高兴见到你"时，你会产生怎样的感觉？当别人用不屑一顾的态度夸奖"你很能干"时，你又做何感想？所以，只有二者结合得恰到

好处，寒暄的目的才能达到。

2. 适可而止，不要过度

做任何事情都应该有个度，寒暄也不例外。恰当适度的寒暄有助于拉近距离，但如果热情过度，没完没了，反而让别人觉得烦。

3. 声音高亢、自信大方

一个人的声音代表了他的底气和信心，话一出口，是真诚的、虚伪的、善良的，还是狡诈的，客户心里就有了"谱"。作为销售员，声音高亢洪亮不仅代表了你对产品的自信，更能显示出你热情大方的个性，进而能够吸引更多的客户，给客户一种信服感。

4. 面带微笑、诚恳柔和

微笑是世界上最简单的语言，也是最能打动人心的语言。它可以展现你的修养、塑造你的性格，必要的时候还可以化解很多矛盾。

所以不得不说，微笑和热情是密不可分的共同体。试想，在面对客户时，面带微笑的你口吐谦逊、温和的言辞，面露忠实、诚恳的微笑，这将多么具有说服力！

记住，只有你对客户付出热情，才能得到相应的回报。

拉近关系，制造一见如故的缘分

一见如故，这是与客户正式沟通前的理想境界。

> 两位素不相识的旅客在旅馆碰面，互相攀谈起来。
>
> "听您口音不是苏北人啊？"
>
> "我是苏南人。您是哪里人啊？"

"山东枣庄人！"

"啊，枣庄是个好地方啊！我在读小学时就在《铁道游击队》连环画上知道你的家乡了。三年前去过一趟枣庄呢。"

听了这话，那位枣庄客人马上来了兴趣。二人从枣庄和铁道游击队谈起，越谈越近，那亲热劲，不知底细的人恐怕要以为他们是一道来的呢。接着他们就是互赠名片，共进晚餐，睡觉前双方居然还签了份合同：枣庄客人订了苏南客人造革厂的一批皮革；苏南客人从枣庄客人那里弄到一批价格合理的矿石。

他们的相识、交谈与成功，就在于他们找到了"铁道游击队"这一都熟悉的兴趣点，使他们之间产生一见如故的感觉，使他们愿意彼此深入交流，那么接下来的合作沟通也就变得十分顺畅。

营造与客户一见如故的感觉，销售人员应该学会以下几种技巧：

会面之前做好功课，充分了解客户，勾勒客户的兴趣关注点。

培养良好的观察力，善于从客户的表情、服饰、谈吐、举止等方面的表现来寻找共同话题。

拥有让人愉快的微笑。

找出与对方的共同点。

这样即使是初次见面，无形之中也会涌起亲密感，一旦缩短了心理的距离，双方很容易推心置腹。

让我们再一起看看下面这个案例。

小韦是一家电器公司的销售员，有一天他登门拜访一位客户。

"您好，我是××公司的销售员，我叫韦××，我们公司新推出了一款家电设备……"

还没等他介绍完，就遭到了客户的断然拒绝。如果你是客户，听到这样千篇一律的介绍，是不是也会感到厌烦呢？

后来小韦了解到这位客户十分喜欢花，她自己种了很多花，还向外出售。于是，当他再次拜访客户时，就换了一种方式。

> 小韦："您好，真不好意思，又来打扰您了……"
>
> 话还没说完，客户就下了"逐客令"。
>
> 小韦马上解释道："我这次来不是向您推销电器的，听说您是养花专家，我母亲也喜欢花，所以想从您这里买几盆送给她，顺便再向您请教一下养花的技巧。"
>
> 听完之后，客户的脸色稍微有了一些缓解，她带小韦来到了花房。
>
> 小韦："啊，这么大的花房，这么多的鲜花，太震撼太漂亮了！您真了不起啊！"
>
> 客户听到这话满脸带笑，一边带他参观，一边为他介绍养花的技巧。两个人谈得越来越投机，最后还谈到了电器对花房温度和湿度的控制。
>
> 一个星期之后，客户向小韦送去了一份很大的订单。

第一次碰壁之后，小韦很快吸取了教训，亡羊补牢，终于在第二次见面时迅速拉近了与客户的关系，打开了客户的心扉。

从上面的例子可以看出，销售人员在为客户介绍产品之前，适当地和客户说一些拉近彼此关系的话，制造出一种一见如故的氛围，让客户对你产生好感，有利于之后的产品销售。

下面这几种开场白对营造一见如故的感觉有立竿见影的效果。

1. 攀亲认友

一般来说，对一个素不相识的客户，只要事前做一番认真的调查研究，你都可以找到或明或隐、或远或近的亲缘关系。而当你在见面时及时拉上这层关系，就能一下缩短心理距离，使对方产生亲切感。

1984 年 5 月，美国里根总统访问复旦大学。在一间大教室内，面对一百多位初次见面的复旦学生，里根的开场白是："其实，我和你们学校有着密切的关系。你们的谢希德校长同我的夫人南希都是美国史密斯学院的校友，照此看来，都是朋友了！"此话一出，全场鼓掌。

2. 扬长避短

人人都有长处，也都有短处。人们一般都希望别人多谈自己的长处，不希望别人多谈自己的短处，这是人之常情。跟新客户交谈时，如果以直接或间接赞扬对方的长处作为开场白，就能使对方心情愉悦，交谈的积极性也就能得到极大激发。

被誉为"销售权威"的霍伊拉先生的交际诀窍是：初次交谈一定要扬人之长避人之短。有一回，为了替报社拉广告，他拜访梅依百货公司总经理。寒暄之后，霍伊拉突然发问："你是在哪儿学会开飞机的？总经理能开飞机可真不简单啊。"听到此话，总经理兴奋异常，谈兴勃发，广告之事当然不在话下。

3. 表达友情

用三言两语恰到好处地表达你对对方的友好情意，或肯定其成就，或赞扬其品质，或欢迎其光临，或同情其处境，就会顷刻间暖其心田，就会使对方对你一见如故，产生欣逢知己之感。

美国艾奥瓦州的文波特市有一个极具人情味的服务项目——全天候电话聊天。每个月有几百名孤单寂寞者使用这个电话。主持这个电话的专家们最得人心的是第一句话："今天我也和你一样感到孤独、寂寞、凄凉。"这句话表达了充分理解之情，因而产生了强烈的共鸣作用。

成功的销售者往往就是通过上述办法，用三言两语扫除跟新客户交谈时的拘束感和距离感，从而达到自己的销售目的。

真诚善意，用亲和力黏住客户

一个优秀的销售人员，不仅要具备深层次的文化修养，更应该有温暖、亲和的"气场"，这样才能唤起客户的购买欲望。

在销售中，既要学会用眼睛去发现、去挖掘客户的需求，同时还要学会用嘴巴来黏住客户。加强语言的亲和力，就是你牢牢抓住客户的一个重要前提和保证。

美国著名保险营销顾问弗兰克·贝特格曾说："最关键的是你如何让他们接近你，你与客户的距离决定了你在他们心中的价值。没有语言的亲和力，又怎么会和客户搞好关系？如果你和他们的关系很疏远，又怎么可能让他们买你的产品？"

船员有了细缆绳的帮助，才能把粗缆绳抛到对岸的码头，从而使船慢慢停靠，这个过程不正像你在销售中接近客户一样吗？语言的亲和力就是那根细缆绳，做到位，客户就会产生想接近你的感觉。

> 小米是一位优秀的服装销售员。这天，一位小姐来到厂里考察服装款式，小米赶忙迎上去询问道："请问您要订购什么样的衣服？我可以为您介绍几款。"
>
> 听到小米的询问，这位客户连头都没抬，冷淡地回答："我只是随便逛逛，你别跟着我。"
>
> 听到客户说这样的话，小米并没有像其他销售员一样生气地离开，而是热情地对客户说："您不用担心，不管您买不买，我都会认真为您服务的。"
>
> 然后，小米询问客户："听您的口音，好像是唐山的吧？"客户仍旧冷

冷地回答："是啊。怎么了？"

小米高兴地附和："我也是唐山的，咱俩还是老乡呢！不是说，'老乡见老乡，两眼泪汪汪'嘛，咱俩还真是有缘啊。"

这时，客户的语气不再那么冰冷，她笑着反问小米："是吗？"

看到客户拿着一个大包，满头大汗，小米一边接过客户的包，一边对客户说："您先把包放在柜台这里吧，这大热天，提着多累啊。我给您倒杯水，这是服装样本，您边喝水边看看。"

虽然客户并不想坐下来看样本，但是看到小米这么亲切，又不好意思拒绝，所以只能按照小米的提议，坐下来边喝水边看样本。

看过服装样本，客户表示有一款服装整体上看起来不错。这时，小米提醒客户："由于南北方的气候差异，这款服装在南方的销量不错，但是在北方就没有那么好了。我建议您先订购 100 件，看过销量再加订也不迟。您放心，即使您订购 100 件，我也会按照最低批发价给您。您觉得如何呢？"

本来客户只是来考察，并不想真的订购服装，结果在小米真诚、亲切的语言感召下，便决定按照她的建议先订购一批试销。

一段精彩的开场白，自然少不了亲和力的融入。小米在面对冷冰冰的客户时，用温暖亲切的话语减轻了客户的心理负担，拉近了与客户之间的距离，最终化解了客户的冷漠，成功地销售出去了产品。

销售员如果能够积极表达自己的情感，向客户敞开心扉，那么客户自然能够感受到销售员的善意，从而达到双方的心灵相通。

在现实中，很多销售员囿于惯性思维，很难迈出真实表达自我的第一步，将情感束缚在固定的语言模式内，令寒暄变得呆板、枯燥。

所以，如果想要让开场白听起来充满感情，那么不管是喜欢客户的发型，还是偏爱客户的性格，都不妨第一时间大胆地表达出自身的真实感受。

另一方面，客户在面对陌生的销售员时，通常会因存有顾虑而拒销售员于千里之外，如果这时销售员能够用充满关爱的话语作为开场白，便能很好地消除客户的抵触心理。

> 销售的目的是把产品卖出去，但销售的过程不仅仅局限于商品的谈论，而是要通过你或温婉、或激情、或自然、或爽快的语言传递给客户一种友好的情感，这样才能达到你想要的成交效果。

为了让你的语言更具亲和力，需要注意以下几个方面。

1. 语言要隽永含蓄

在销售中，如果直白地向客户兜售产品，必然不会引起客户的兴趣。直言不讳并没有错，但是如果大家千篇一律，那么即使你的产品再出色，客户也不愿花时间去了解。

然而，当你换一种表达方式，在含蓄中带点直白，在温柔中带些力量；既有提醒，又有暗示，层次分明，详略得当，就像是在做游戏。让客户体会犹抱琵琶半遮面的趣味，客户更容易接受你。

2. 语言要清新委婉

如果你的语言生硬平淡，自然会使客户远离你；如果你能像太阳一样给别人送去温暖，给别人带来光明，你自然会博得客户的欢心。

比如，适当地使用一些结尾语气词。如在一句话的结尾加上"吗""吧""啊""嘛"等词，就会使你的语气带有一种商量的口吻，不会那么生硬。

当你想要向客户表示否定时，不妨把"我认为你这种思想有偏差"改为"我不认为你这种思想很全面"；把"我感觉你这种做法不对"改为"我不觉得你这样做正确"。这样不会让你的语气太直接，让客户有一个缓冲的余地。

如果客户提出的要求你无法达到，就可以提一些新的建议。如客户问："我们这周二洽谈一下怎么样？"你可以说："这周五应该也是一个很不错的时间。"

3. 多说"请"和"谢谢"

"请"和"谢谢"是与客户建立融洽关系以及提高客户忠诚度的有力言辞，这些话说起来不仅方便简单，而且很容易愉悦客户的心。

当你向客户表达感谢或是施以礼貌的请求时，你在客户心中的地位和价值就已经有所提升了。多说"请"和"谢谢"不但能提高自身的修养，更有助于你获得客户的订单。

请记住：要想接近客户，获得客户的好感，就先要让他产生宾至如归的感觉，让他感受到你的亲切和关怀，这样销售工作就容易多了。

第二章 一语中的
吸引客户的注意力

◎您好，我是××公司的晨星，晨是一日之计在于晨的晨，星是启明星的星。我没别的优点，
　就是勤快点儿，谁让我父母给我起了这么个名儿呢。

◎您好，我是××公司的销售顾问，我是来帮您赚钱的。

◎您是××领域的专家，我有一个关于××的问题想请教您。

◎如果有一种每天能帮您节省××小时时间的产品，您有兴趣了解一下吗？

◎您肯定也听说过××吧，他可是影视歌三栖的大明星！最近拍的×××正在热播，他
　也是我们的客户。

◎您也喜欢盆栽啊，把它伺候好了可不是一件容易的事，您平常是怎么做的？

◎先生，情人节马上就要到了，不知您是否已经给您太太买了礼物。我想，如果您送一套
　化妆品给您太太，她一定非常高兴。

语出惊人，用悬念勾起客户的好奇心

好奇是人类的天性，巧妙地利用客户的好奇心，引起其注意，转而道出产品的各种好处，能促使客户做出购买决策。

一位销售高手曾经说过："每个人都有好奇心，尤其是对自己不了解的、不知道的、不熟悉的事物会特别关注。制造悬念就是为了引起客户的好奇，让客户注意你的解说，达到吸引客户的目的。"

20世纪60年代，美国有一位非常成功的销售员乔·格兰德尔。他有个非常有趣的绰号叫作"花招先生"。他拜访客户时，会把一个三分钟的蛋形计时器放在桌上，然后说："请您给我三分钟，三分钟一过，当最后一粒沙穿过玻璃瓶之后，如果您不要我再继续讲下去，我就离开。"

他会利用蛋形计时器、闹钟、20元面额的钞票及各式各样的花招，赢得足够的时间让客户静静地坐着听他讲话，并对他所卖的产品产生兴趣。

比如，他会问："××先生，请问您知道世界上最懒的东西是什么吗？"

客户摇摇头，表示不知道。

"就是您收藏起来不花的钱，它们本来可以用来购买空调。让您度过一个凉爽的夏天。"乔·格兰德尔说。

他总能制造出一些悬念，引起对方好奇，然后再顺水推舟地介绍产品。客户则往往会因为他的那一番饶有兴趣的话语和动作而被吸引。

下面，让我们来看一个成功制造悬念的例子。

> 一次，华迪在登门向客户推销一款售价280元的烹饪厨具时，还没有进门就遭到了客户的拒绝。客户告诉华迪："我是不会购买这么贵的厨具的。"
>
> 第二天，华迪再一次敲开了这位客户的门。客户开门一看是华迪，想都没想便拒绝了他。
>
> 华迪没有说话，而是从口袋中掏出一张一元的钞票，并当着客户的面将这张钞票撕碎，之后询问客户："您心疼吗？"
>
> 虽然客户有些吃惊，但想了一下回答说："我一点也不心疼，你撕的是你的钱，和我没有一点关系。如果你愿意，就尽管撕吧！"
>
> 看到客户转身要离开，华迪大声说："不，你错了。我撕的不是我的钱，而是你的钱。"
>
> 听到这里，客户感到很惊奇，转过身来，问道："怎么会是我的钱呢？"
>
> 华迪这时不慌不忙地说道："这款锅底部采用先进的超强导热材料，环形高效吸热圈能够将燃气热能聚集到吸热圈周围，均匀地包围在锅的底部，不但起热速度快，导热均匀，而且储热性能好，能够最大限度地节省您的能源和时间。同时，它上下两层分离，可炒、可煮、可蒸，一锅多用，为您节省了单独购买厨具的费用。所以，如果您不购买这款省钱的锅，那不就相当于在撕自己的钱吗？"
>
> 客户听了华迪的话，觉得确实不错，于是改变主意购买了一套烹饪厨具。

由此可见，制造悬念，利用客户的好奇心是一种引起客户注意的好方法。华迪就是使用这种方法，使客户产生探究问题答案的强烈愿望，然后引导客户转向产品性能，从而达到了让客户购买产品的目的。

一位从事服装销售的销售员的目标，是要把服装放进某大型百货商场里卖。但是，她做了很多努力都被商场的老板拒绝了。经过调查，这位销售员才得知，原来该商场的服装专场一直在销售另一家公司的货，主管认为没有必要再进别家的产品。

后来，销售员想了这样一个办法。在又一次拜访中，这位销售员早早地来到该主管的办公室外面，见到该主管后，销售员就直截了当而又诚恳地问道："您能给我十分钟时间，就一个经营上的问题，给我提一点建议吗？"

销售员的话引起了主管的好奇心，于是主管便把销售员请进了他的办公室，希望详谈一下。

销售员走进办公室后，便马上拿出了一种新式领带给主管看，并请主管为这种产品报一个公道的价格。销售员对产品做了非常认真、细致的讲解。主管认真听完后，又仔细检查了一下产品后做出了中肯的答复。

销售员看了一下墙上的钟，十分钟快要到了，便拿起自己的东西要走。可是，主管想再看看另外的那些领带。销售员希望在最短时间内引起对方注意的目标达成！

结果是，这位销售员提供的产品开始在这家百货商场里销售。

可以看出，如果你能激起客户的好奇心，你就有机会创建信用，建立客户关系，发现客户需求，提供解决方案，进而获得客户的订单。

在利用客户的好奇心方面，你可以采用下面这些方式。

1. 让客户自己判断

有许多方式可激发人们的好奇心，但最简便的方法就是问"你猜猜发生了什么"。差不多每一个人听到"你猜猜发生了什么"都会立刻停下手边的工作。

2. 提出问题

提出问题可以激发客户的好奇心，人们会好奇为什么你要这么问或这么说。比如"我能问个问题吗？"你所要询问的对象一般都会回答"好的"，同时他们还会不由自主地设想你将会问些什么，这就是人类的天性。

3.刺激性消息

有时销售人员花费了大量时间、不厌其烦地向客户反复陈述自己的公司和产品的特征以及能给客户带来的利益，然而效果却并不好。这时，你可以反其道而行之。例如：

销售员："王先生，我们的工程师前几天对您的系统进行了测试，他认为其中存在着严重的问题。"

王先生："什么问题？"

如果有人告诉你将要面临严重的问题，你会不会感到好奇？当然会！

4.新奇的东西

新东西人们都想"一睹为快"。更重要的是，人们不想被排除在外，所以我们也可以利用这一点来吸引客户的好奇心。例如：

销售员："张先生，我们即将推出两款新产品，帮助人们从事电子商务。或许对您会有用，您愿意看看吗？"

经验丰富的销售人员都会发现：在销售过程中，起主要作用的不是理性上的东西，而是情感上的东西。人们在购买一样东西时，很多时候是受到好奇心的驱使，才会做出购买决定的。

好奇心是人们普遍存在着的一种行为动机，抓住这一点，就可以让你在最快的时间内接近对方。

言简意赅，用完美的自我介绍吸引客户

许多销售大师用自己的亲身经历告诉我们，销售之始，不是向客户介绍产品，而是向客户介绍自己。那么，你该如何抓住这简短的几十秒，把自己

充分地展示给客户，让一个初次见面的陌生客户对你感兴趣，并对你的产品感兴趣呢？

我们来看看下面这些成功的自我介绍。

> "您好，我是××公司的晨星，晨是一天之计在于晨的晨，星是启明星的星。我这个人最大的优点就是勤奋。因为我要对得起父母给我起的这个名字。我相信只有勤奋才能及时了解每一位客户的需求，才能为每一位客户提供周到的服务。所以我希望我今天的到来，能为您带来哪怕是一点点的帮助。"

几十秒的自我介绍，语言简单，却是意味深长。首先以自己的名字作为引子，把自己最大的闪光点告诉客户，"我会全力以赴对待每一位客户"，以博得客户的好感和信任。

我们再来看一个新颖别致的简短的自我介绍。

> 销售员："李先生，您好，我是××公司的销售顾问刘欣，我很真诚地告诉您，这的确是一个销售电话，我想您不会挂电话吧！"
>
> 客户："我最讨厌各种各样的销售电话了，既浪费时间又浪费精力。"
>
> 销售员："哦，那我是您第多少个最讨厌的人了？"
>
> 客户："呵呵，你还真幽默。说吧，你今天准备了什么产品？"
>
> 销售员："我们最近有一款新的……"

这简单的自我介绍，以独特的幽默，赢得了客户的接纳。

在面对客户进行自我介绍时，你可以借鉴下面这些方法。

1. 戏说自己的名字

自我介绍的第一难关，就是让对方记住你的名字。

大多数人的自我介绍，都只是介绍自己的名字而已。但是，除非是你十分优秀，或是面带明显特征，否则想让对方留下深刻印象，是非常困难的。因此，必须要为自己的名字附加一个能让对方记住的解说。例如：

"我叫欧阳悟。悟虽然是孙悟空的悟，但因为身材丰满，常常有人取笑我是孙悟空旁边的猪八戒。"

名字较为奇特的人，不妨试着单字解说。比如"我是刘鹬文。鹬就鹬蚌相争的鹬，文是文章的文。"

就算是平凡的名字，只要稍加创意，也能让对方留下深刻的印象。

"我叫林晋，是个只想'前进，前进'的人。"

叙述的同时，不断重复自己的名字，也有不错的效果。

2.坦承来意，明确目的

如果你是一个药品销售员，一进药店的大门，就可以大方地向对方表明自己的来意：

"您好，我是××制药公司的×××。我今天来是要跟贵药店洽谈代销药品的事情……我真心地希望能跟贵店合作，希望贵店……"

在这个自我介绍中，如果你没有这一番直接道明来意的介绍，没有很清楚地向药店店员说明此次前来的目的，没有表明自己的合作诚意的话，那么，对方很可能会将你当成一名普通的消费者，向你提供推荐药品、介绍功效等服务。而最后你却突然又说："我不是来买药的，我是某某厂家的销售员……"那么药店店员就可能会有一种强烈的被欺骗的感觉，马上就会对你的药品推销产生反感情绪。这时，你再想展开推销工作肯定就困难了。

以下是一些可供借鉴的成功案例：

"下午好，林先生，我是大东公司的小静。我今天之所以特意打电话给您，是因为我们刚刚成功地与××完成了一项重要的合作。我希望下个礼拜能到您那儿拜访，和您探讨一下我们与××先生合作的成功经验。您看什么时候方便？"

"上午好，汪先生，我是卓越公司的小琳，我今天特意来拜访您，是为了

告诉您一种能够有效提高工作效率的产品。我深信，同××先生一样，您也会对这个产品感兴趣的。"

请记住：匆匆 30 秒的自我介绍，就有可能让你找到与客户的契合点。当你与客户心灵相通时，你的产品就已经卖出去了。

幽默风趣，让客户笑了就好办

心理专家的研究结果显示：人在倾听时的注意力每隔五至七分钟就会有所松弛，要想使人重新集中精力，就需要对他们进行一些相应的刺激，为其制造一些兴奋点，以此来转移他们的注意力。

同样，客户在听销售人员介绍商品的时候，他们也会出现分神的状态。那么销售员该如何去刺激他们呢？最好的方法是在讲述中适时插入一些幽默风趣的言辞，这对于消除对方的心理疲劳是有很大帮助的。而且即使在正常情况下与客户的沟通中，幽默风趣的语言也能给赢得对方的好感加分。

一位大学生兼职做销售员。

有一次去一家报社进行销售，开始他并没有说明自己的真正来意。

"你们需要一名富有才华的编辑吗？"

"不要！"

"记者呢？"

"也不需要！"

"印刷厂如有缺额也行！"

"不，我们现在什么空缺岗位也没有！"

"哦！那你们一定需要这个东西了！"大学生边说边从皮包里取出一些

精美的牌子，上面写着："额满，暂不雇人！"

对方也因为他的幽默而轻松一笑，订单也在轻松愉快中搞定。

幽默具有很强的感染力，它能迅速打开客户尘封的心灵之门。

通常来讲，那些具有幽默感的销售员比较容易赢得客户的好感和信赖。

原一平曾经因为自己矮小的身材而苦恼不已，但是他的上司却对他说了这样一段话："相貌堂堂、身材高大的人，在交谈时容易获得别人的好感。身材矮小的人，在这方面处于劣势，所以我们才要用其他的优点来弥补。"

于是原一平开始寻找自己的优点，他对自己说："虽然我没有玉树临风的身材，但是我却有幽默的语言和热爱生活的心。"因此，在以后的销售生涯中，他总是信心十足地站在每一位客户的面前。

有一次，原一平去登门拜访一位客户。

原一平："您好，我是明治保险公司的销售员原一平。"

客户："你们公司的销售员昨天已经来过了，我不需要买保险。你可以走了！"

原一平："哦？是吗？我应该比昨天的那位更加英俊潇洒吧！我想您会喜欢多看我一眼的。"

客户："昨天的那位相貌堂堂，个子又高，可比你好看多了。"

原一平："您别看我身材矮小，但是短小精干，浓缩的才是精华不是吗？"

客户："呵呵，你还真幽默啊！"

就这样，每次和客户见面时，原一平都能给他们留下深刻的印象，当然每一次他都能拿回订单。

那么，在具体的销售过程中，销售员应该如何运用幽默来助自己一臂

之力呢？

1. 运用幽默语言需要注意的问题

幽默感并非人人生来就具备，很多时候都需要通过后天的训练来获得和加强。在提高自己幽默感的过程中，销售员还需要注意以下一些问题：

（1）根据情况选择适当的幽默语言，注意对象和场合。

（2）幽默需要夸张的语言，但是也要适度，避免让客户认为是一种油嘴滑舌而生厌。

（3）随时观察客户的态度，适时运用，适可而止。

（4）幽默的内容要健康、高雅。

2. 幽默的表达方式

幽默的表达方式多种多样，这里我们具体介绍以下两种。

（1）鲜明对比

鲜明的对比会让你的语言醒目，重点突出。比如，一个卖核桃的销售员这样推销自己的产品："没有华丽的外表，却有充实的大脑。"

（2）转换思维

在思想的维度里，人们都喜欢按照常理去判断一些事情。在销售中打破惯常思维，适时地逆向思考，会给客户耳目一新的感觉，甚至让他觉得新奇有趣，从而引发客户的购买欲望，促使交易达成。

请记住：幽默是一种带有娱乐精神的智慧，只要你能够凭借自己的口才、动作、神情赢得客户的笑容，那么订单就不再那么遥远。

虚心请教，打开客户的话匣子

客户，一般来说都比较有警惕性，都害怕上当。如果客户不愿意与销售员沟通交流，那么销售员很难针对客户的需求推荐产品和服务。

在销售中，有一些销售员想靠努力表现自己的聪明才智来赢得客户的好感，其实这是再拙劣不过的方法。一位心理学家说："如果我们想树立一个敌人，那很好办，拼命地超越他、挤压他就行了。但是，如果我们想赢得一个朋友，就必须得做出点小小的牺牲，那就是让朋友超越我们，在我们的前面。"

要想打开客户的话匣子，销售员大可以先向客户请教一些对方擅长的事情，客户往往会很乐意为你解答，从而渐渐将注意力转移到你要销售的产品上来。

其实这个道理很简单，那就是每个人在他人面前都想满足自己的表现欲。

在销售中我们会发现，一旦我们能虚心请教，给客户施展自己才能的机会，满足他的表现欲，他会不自觉地对我们产生好感。

销售员尤金·威尔森的例子充分地告诉了我们向客户请教的重要性。

尤金·威尔森专门为一个设计花样的画室销售草图，销售对象是服装设计师和纺织品制造商。

有一位客户令威尔森感到很头痛，他是纽约一位著名的服装设计师。一连三年，威尔森每个礼拜都会抽时间去拜访他。

"他从来不会拒绝我，并且每次接见我我都很热情，"威尔森说，"但是他也从来不买我销售的那些图纸，他总是很有礼貌地和我谈话，还很仔细地看我带去的东西。可到了最后总是那句话：'威尔森，我看我们是谈不成这笔生意的。'"

经过了无数次的挫败，威尔森开始反省自己在销售过程中存在的问题。他了解到那位服装设计师为人比较自负，别人设计的东西他大多看不上眼。后来，威尔森想出了对付那位服装设计师的方法。于是他抓起几张尚未完成的设计草图来到那位服装设计师的办公室。

"鲍勃先生，如果您愿意的话，能否帮我一个小忙？"他对服装设计师说，

"这里有几张我们尚未完成的草图，能否请您告诉我，我们应该如何把它们完成，才能对您有所用处呢？"那位服装设计师仔细地看了看图纸，发现设计人的初衷很有创意，就说："威尔森，你把这些图纸留在这里让我看看吧。"

几天过去了，威尔森再次来到办公室，服装设计师对这几张图纸提出了一些建议，威尔森虚心地用笔记下来，然后回去按照他的意思很快就把草图完成了。结果服装设计师大为满意，全部接受了。

从那以后，威尔森销售时总是先问买主的意见，虚心向买主请教，然后再根据买主的意见制图纸。那些买主对威尔森的图纸非常满意，因为这相当于是他们自己设计的。这样，威尔森从中赚了不少的佣金。

威尔森之所以花三年时间来拜访这位服装设计师都没有取得成功，就在于他以前总是只顾自己"表现"，却从来不管客户的想法。而服装设计师是一个很自负的人，他对别人设计的草图自然会百般挑剔，也就理所当然地拒绝了威尔森的销售。而当威尔森改变了销售策略，虚心向客户请教意见，按客户的意思去改进产品，这样他就再也无法拒绝有他自己一份设计在内的产品了。

所以，我们在销售过程中一定要谦虚，尽量把表现的机会留给客户，让客户给我们多提一些宝贵建议，变"我要卖"为"他要买"，这样才能更有利于我们的销售。

每个人都渴望别人的重视，只是很多人把这种需要隐藏在内心深处罢了。因此，当你说"能否向您请教一个问题"时，几乎百试不爽，没人会拒绝你的。

很多客户都有好为人师的习惯，所以这时你的虚心好学就成为他激发自己表现欲的最好机会。你如果表现得很有悟性，让他教得轻松，而你又学得很快，他就会很快视你为知己、同道中人。于是，他对你的信任将无以复加。

需要注意的是，在你直言诚意地请教之后，还要细心地倾听对方的言语，这也是一个关键。从他的言语中你可以更好地了解他，甚而把他渐渐地往你的意图上不动声色地引导，最终让他自己做出衡量和决定。

具体来说，在向客户虚心请教时，你应该注意以下几个方面。

1. 做个忠诚的听众

不要轻易另起话题突然打断对方的讲话，这是交谈中的一个忌讳。如果迫不得已，你一定要看看对方的反应，因为打断对方的讲话意味着你不赞成对方的观点，或者表明你没有耐心听人家讲话。如果需要对方就某一点进行澄清时，你可以打断对方。

2. 跟着对方的思绪

据调查，大多数人听话的接收速度通常是讲话速度的四倍，也就是说，一个人一句话还未说完，但听者已经明白他讲的意思是什么。尽管如此，你也必须要跟着对方的思绪，听他到底要讲什么内容，也只有这样做，你才可能听得出对方的立场和话外之音。

3. 适当地迎合

口头上讲一些表示积极应和的话，比如"我明白""真有趣""是这样的"。它们可以表明你的确是在认真地听客户讲话，这样，客户会对销售员产生信任。向客户表明你在认真地听他讲话的方法还有：你向他就有关问题进一步澄清，或是希望得到更多的有关信息。这些表现很重要，但绝对不要用"嗯、哦"来表明你的共鸣，这些做法太简单，虽然确实可以表明你对客户的讲话是感兴趣的，但让他人听起来像是敷衍。

4. 确认对方的讲话

为了理解客户的讲话，应该将这些讲话做出概括总结，这也是聆听的一个重要方面。它不仅表明你的确在认真地听对方说话，也为潜在客户提供了一个帮助你澄清可能的误解的机会。对于一些不能肯定的地方，你也可以通过直接提问的方式，来寻求客户的证实。

请记住：在销售中，多开口向客户请教，不会给你带来任何损失，反而会提升你的人格魅力，让客户更喜欢你。

娓娓道来，用巧妙的故事拴住客户

每当销售人员接触客户的时候，时常会发现客户仍在忙着其他的事情。而在这个时候，如果销售人员不能在最短的时间内，用最有效的方法让他们将所有的注意力转移到自己身上，那么其所做的任何事情都是无效的。

在这个过程中，讲故事无疑是一种有效的方法。生动形象、引人入胜的故事，既能说明道理，也能吸引客户。运用故事行销，不仅成为许多行销大师达到成功的利器，而且业已成为当前行销的一种趋势。

> 一天，销售员和他的经理从电梯内走出，经理突然说道：
>
> "看到了吗？这位电梯操作员正在付人寿保险费呢！"
>
> 销售员看看经理，认为他在开玩笑，因为这名电梯操作员已年近八十，便问道："他能通过体检吗？他能付得出高额的保费吗？"
>
> "我的意思不是这样，我是指他年轻时未能做好财务计划，因此垂暮之年还在还债！他是用最艰苦的方法缴纳他的人寿保险费，工作到倒下为止。"经理一脸郑重。
>
> "哟！经理，您这不是在向我推销保险吗？"销售员乐了。
>
> "难道这种推销方法不好吗？"经理笑着反问道。
>
> "多谢点拨。"

这位销售员自己当了一回客户，感同身受，觉得用贴切的故事或寓言来说明人寿保险对人的重要性，真能使客户为之动心，而产生购买人寿保险的意愿。

一位销售员用另一种方式讲出人寿保险的优点：

A先生和B先生既是邻居又是同事。有一天，两个人一起出差，结果在路上遇到了意外，都没能回来。

他们的爱人和孩子非常的伤心。

后来，A先生的太太开始变卖先生生前留给他的衣物、手饰，过了一些日子，她改嫁了，孩子留给了爷爷奶奶。而B先生的爱人和孩子每年、每月不断地领取孩子父亲留下的生活费（保险金，就相当于一个人仍然在世继续工作时赚来的钱不是吗？），并告诉孩子：你爸爸出远门了，他临走前就为我们安排好了一切！

我们无法预料哪一天出门会遇到什么事，但有备无患，是我们每一个人每天都应该随时准备好了的事情。

很多顶尖的销售员，都擅长运用故事推销法，而且屡试不爽。

销售大师班·费德文可谓深谙此法，并因此而成就了自己的辉煌业绩。下面我们来看看他的故事推销话术。

班：史宾塞先生，现在请您想想，数年后的今天，嫂夫人到您女儿学校门口接她下课，巧遇你们的邻居兰丝太太和她的女儿。嫂夫人一边称赞她的女儿，一边纳闷地问兰丝太太："您一个人独自撑着一个家，非但能独力抚养幼女，还能处处不落人后。您是怎么做到的？"兰丝太太自豪地说，这是因为她有个爱她、爱家的先生，而女儿也有个爱她的父亲。因为早在他过世之前，他就通过投保的方式，为他的妻女解决了经济方面的后顾之忧。她女儿说，即使她的父亲已不在世，但是父亲对家人的关怀及爱，她永永远远都能感受得到……史宾塞先生，请您设身处地地想想，这是不是也正是您希望您家人享有的生活？再说，保险除了可以分担风险外，还具有储蓄的功能啊！

> 史宾塞先生：的确如此。
>
> 班：好，那么请拿出您的支票簿，让我来告诉您，您如何能立即为您的家人取得这项万无一失的保障。

班用一个假设的故事使客户沉浸在投保的益处以及为自己带来的成就感的气氛里。

但是，如何将故事讲得引人入胜、妙不可言呢？销售故事有没有什么诀窍？

1. 量身定做

根据客户的身份、地位、收入、年龄、性别、购买目的，以及产品的不同，结合当时的场合和气氛，选择合适的故事进行产品销售。这很重要，如果你讲了一个客户不感兴趣甚至很反感的故事，那么就会弄巧成拙，甚至让客户产生厌烦感。

2. 细节须具体

故事要有具体的细节，让客户可以用心灵触摸到、感受到，从而可以在脑海中模仿，而且在未来的产品应用中，可以进行套用。

让你的故事听上去越真实、越特定化、越有现实感，客户就越能够理解和认同。

3. 场景符合真实生活

只有让客户感觉到这是真实的生活，你所讲的才是一个成功的好故事，才能进而让他对产品感兴趣。只有跟客户可能的生活经历联系起来，让他有所触动，并能体验到可操作性，他才会产生强烈的购买欲望。

4. 轻重要有别

故事里的元素，要有轻有重，突出你要表达的信息。故事当然要有趣，但千万别让"有趣"盖过了"产品"的信息。这是一个尺度的问题，有趣的故事要为产品服务，否则故事就对销售毫无价值，你只是讲了一个让客户聚精会神的故事而已。

5. 灵活改编

同一个故事，对不同的客户讲出来，就要根据需要做出适当的改编。侧重点可能不同，长短也可能不同，这需要你有随时改编的能力。你可以通过增加细节或改变主人公的身份、故事的情节等因素，让它适用于眼前的客户。

对于销售人员来讲，不管你卖何种产品，你一定要收集那些能令新客户产生共鸣的故事。任何商品都有自己有趣的话题：它的发明、生产过程，产品带给客户的好处，等等。销售人员可以挑选生动、有趣的部分，把它们串成动人的故事，以此作为促进销售的有效方法。销售大师保罗·梅耶说："用这种方法，你就能迎合客户、吸引客户的注意，使客户产生信心和兴趣，进而毫无困难地达到销售的目的。"

第三章

盘根究底
问出客户的真正需求

◎麻烦您配合我们做一次调查好吗？就耽误您一分钟，谢谢，这是送您的一份精美礼品。

◎请问是我们家的几种产品您都不喜欢，还是您对我的工作不满意？请您告诉我，我只想
  让您买到自己称心满意的商品。

◎您对 ×× 产品有功能上的特殊要求吗？您最看重的是哪项功能？我们产品的型号比较
  多，我可以详细给您介绍一下。

◎您是想为自己购买，还是要作为礼物送人呢？

◎请问您主要用来做什么？我可以有针对性地来为您介绍。

◎这个系列产品有不同价位的好几款，我可以为您推荐一款性价比最高、最适合您的。

调查询问，全面了解客户的需求状况

决定销售成败的关键是客户的需求，而非销售员的努力程度。当某人有购买某物的需求时，这一产品的销售员无须耗费太大的力气，就可以取得成功；相反，如果客户没有此方面的需求，销售员再努力也很难取得好的结果。

很多人认为客户并不知道自己需要什么，事实上，这种观点并不合理。在绝大多数情况下，客户都知道自己的需求，并且只肯为自己的需求埋单。只有在很少的情况下，客户才不知道怎样改善自己的生活或者解决某个问题。在这种情况下，客户并不会像多数销售员认为的那样积极主动地配合销售员的销售并最后成交，他们多半会采取拒绝一切的态度，只有在专家或专业人士的建议下才会谨慎地做出选择。

因此，在进行销售之前，销售员必须对客户进行必要的了解，找出那些真正"有价值"的对象进行销售。

有一个典型的案例，可以看一下：

一天，在某外企做管理的杨女士走进一家大型商场准备购买面膜。一进门是 A 化妆品的专柜，她看都没看，因为她认为 A 不太适合自己。她向门口的迎宾小姐询问 B 化妆品专柜的位置。

这一切都被 A 化妆品专柜的促销员看在眼里。正当杨女士准备离开时，这位促销员走到她身边，彬彬有礼地说："这位女士，冒昧打扰一下，请问您为什么不选择 A 试试呢？"杨女士说了自己的看法。对方微笑着说："原来是这样啊，那麻烦您配合我们做一次调查好吗？就耽误您一分钟，谢谢！这是送您的一份精美的礼品。"

杨女士想，反正今天自己也不赶时间，何况就一分钟，便同意了。那位促销员拿出了一张事先设计好的表格，按着上面的问题一个个提问："您用过 A 化妆品的产品吗？""您认为自己最适合什么品牌？""您喜欢的色彩是什么？"之后，促销员根据杨女士的回答逐一做了相应的解释，并帮助其分析了她的皮肤特点。

通过刚才的交流，促销员已掌握了杨女士对化妆品的要求，然后做了相应的推荐。最终的结果是，杨女士不但在 A 化妆品专柜购买了面膜，还买了面霜、唇膏、眼影等。

这位促销员使用了调查询问法，即通过问题，直接探求客户的需求。通过这种详细的调查，客户的真实想法一般都会浮出水面。掌握了问题背后的问题，这时就能有的放矢做工作，攻克客户的心理障碍，从而成功地说服他们。

再来看看下面这段对话：

销售员：你好！我在就城市居民的娱乐习惯做一个调查。你方便回答几个问题吗？

准客户：请进。

销售员：谢谢。我就坐在这里好了。每星期你有几次出去吃饭？

准客户：大概三次吧，也许是四次。实际上我是想出去的时候就出去，找喜欢的饭店。

销售员：这样真好。你用餐时通常会要酒吗？

准客户：如果有进口酒的话我会要的。

销售员：知道了。那么电影呢？你经常去看电影吗？

准客户：电影嘛，我比较喜欢有着深刻内涵的伦理类片子。你呢？你也喜欢看电影吗？

销售员：是的，我也非常喜欢。你经常听音乐会吗？"

准客户：当然，大部分时间是去听交响乐，但高质量的流行乐团我也很喜欢。

销售员（一边很快地做着记录）：太好了！最后一个问题，你喜欢哪些旅行的剧团或是芭蕾舞团呢？当他们到城里来表演时你会去看吗？

准客户：噢，芭蕾舞那么流畅的动作，那么优雅的形体，我热爱芭蕾舞。

销售员：好。先生，我可以很高兴地告诉你，根据你提供的信息，如果你加入"美国俱乐部"，每年可以节省1200块钱。只要交一点会员费，你就可以在你提到的大部分活动中拿到折扣。像你这样有高品位社交、娱乐生活的人一定不会错失这么好的机会吧？

准客户：我想大概是吧！那你具体说说看。

通过调查询问法，可以帮助销售人员全面了解客户的需求。在采用这种方法时，应注意下面几个问题。

1. 客户有无需求

调查询问客户的需求情况重点包括两个方面：其一是客户是否真的有这方面的需求；其二是客户的需求量是多少。当然，询问客户的需求越全面、越深入越好，这样既能找到那些真正的目标客户，又能发掘那些没有明显意识、但是的确有需求的客户。

2. 了解客户需求的特殊性

如果销售人员发现客户对你的产品或服务感兴趣时，那就一定要抓住机会，进一步探询客户对产品的具体期望。这样，你才能知道如何满足客户的真正需要。如果客户特别强调的某些需求你不能满足，那就应该采取其他方式解决，比如向客户推荐同类产品。或者说服客户放弃某些需求或降低某些要求。

3. 判断客户是否具有购买决策权

虽然客户的需求与你的产品特点相符，但是你还应该确定一件事，那就是这位客户是否具有购买决策权。销售人员需要根据客户的决策能力决定沟通的策略。当确定对方确实具有购买决策权时，销售人员应该把沟通内容引向实质性问题，否则就要想办法找到真正具有购买决策权的人进行沟通。

总之，只有向真正有价值的客户进行销售，才能获得好的成果。

诊断式提问，找到满足客户需求的对症良药

有很多销售员，面对客户不是去了解对方需要什么，而是长篇大论地把自己的产品如数家珍地报出来，自己在那里演独角戏。等到说得口干舌燥，戏演完了，客户也走了，什么也没有销售出去。

有一天，有位老太太来到一家水果店里，问店老板："你这儿有李子卖吗？"

店老板赶忙迎上前去对她说："老人家，您要买李子啊？我这儿当然有啊！您看，我这儿的李子又大又甜，刚运过来的，不甜不要钱，还新鲜得很呢！"

没想到，老太太听了店老板的话之后，竟然扭头就走了。

老太太来到第二家水果店，向这家的店老板问了同样的问题："你这儿有李子卖吗？"

第二位店老板马上迎上前去说："老人家，您要买李子啊？"

"是啊。"老太太应道。

"我这里李子有酸的，也有甜的，您是想买酸的还是想买甜的呢？"

"我想买两斤酸李子。"

第二位店老板便动作利索地给老太太称起了酸李子。他边称边好奇地问老太太："在我这儿买李子的人大多数都喜欢吃甜的，您为什么要买酸的呢？"

"哦，最近我儿媳妇怀上孩子啦，特别喜欢吃酸李子。"

"哎呀！那真要特别地恭喜您老人家快要抱孙子了！有您这样照顾周到的婆婆，可真是您儿媳妇天大的福气啊！"

"哪里哪里，怀孕期间当然最要紧的是吃好，胃口好，营养好啊！"

"是啊，怀孕期间的营养是非常关键的，不仅要多补充些高蛋白的食物，听说多吃些维生素丰富的水果，生下来的宝宝也会更聪明些呢！"

"是啊？有哪种水果含的维生素更丰富些呢，你给我推荐推荐！"

"很多书上都说猕猴桃含维生素最丰富！"

"那你这儿有猕猴桃卖吗？"

"当然有，您看我这进口的猕猴桃个大汁多，含维生素多，您要不先买一斤回去给您儿媳妇尝尝？"

于是，老太太不仅买了两斤李子，还买了一斤进口的猕猴桃，而且以后几乎每隔一两天就要来这家店里买各种水果。

事实上，这两家水果店的店老板代表了两种不同的销售员。第一个店老板是一个不合格的销售员，只知道一味地告诉客户自己的产品如何如何好，而不善于了解客户需要什么；第二个店老板是一个优秀的销售员，他不仅仅了解和满足了客户的一般需求，而且还挖掘创造了客户的潜藏需求——需求背后的需求。

询问客户所需要产品的功能及特点，这是一种诊断式的提问，是顺利找到满足客户确切需求的对症之药。它可以让你在短时间内，收集客户信息、缩小推荐范围、确立行动目标。

我们再来看下面这个例子。

有一对夫妇走进一家家用电器商场，打算看看电冰箱。

销售员任小姐热情地上前接待了他们。

"先生家里有几口人？"

"5口人。"

任小姐又转过身来问太太："太太是隔日买菜呢，还是每天都上市场？"

太太笑而未答，销售员并未放弃，继续热情地为这位太太做了个"选择答案"：

"听说有人一星期买一次，有人3天买一次。太太您喜欢哪一种买法呢？"

"我想3天买一次更好些吧。"

"家里常来客人吗？"

"有时候。"

"在冰箱里储存些食品，既可以保鲜，又可以应付突然造访的客人。"

这时看到丈夫蹲下来查看冰箱放啤酒的空间。

任小姐马上说："先生，喜欢喝啤酒啊？在夏天，您可以一次买上一打，早上上班前放几瓶到冰箱里，每天晚上下班回家后您就能喝到冰镇啤酒了。嘿，喝一口，那个冰爽劲儿，真是种享受啊！"

任小姐又问太太："太太，您看这个能够容纳3天的鱼肉蔬菜吗？"

"可以，可以，刚刚好。"

任小姐又继续为这对夫妇勾勒了一幅动人美景："夏天的冰镇啤酒、西瓜、汽水、软包装饮料，解暑可口；冬天随时可以取出青嫩的蔬菜和新鲜的鱼肉。尤其是用上电冰箱可以节约买菜的时间，也可以省下不少的菜钱，还可以从容不迫地招待那些突然登门的客人，真是一举数得啊！"

紧接着，任小姐又问："先生住在哪儿？离这儿远吗？"

"不太远，就在附近。"

"那么是今天送到府上，还是明天一早给您送去好？如果今天送去，明天就可以放进很多新鲜蔬菜和鱼肉啦！"

太太："还是明天吧。我们要先腾出地方来。"

任小姐通过一连串的诊断式提问，在摸清了客户的真实需求之后，顺利达成了交易。

这种诊断式提问是一种开放性的提问技巧，是指发问者提出一个问题后，回答者围绕这个问题要告诉发问者许多信息，不能简单以"是"或者"不是"来回答发问者的问题。

这类提问的目的是为了鼓励客户做出较深入、较详尽的回答。如果销售员提出的问题只有"是"或"否"这样简单的答案，那么，它无法使客户发出更多的信息，也很难使客户真正参与到洽谈中来。

例如："你是否听说过我们公司？"这个问题的答案只有"是"与"不是"，而"有关我们公司，你了解哪些情况呢？"这个问题就要好得多。

销售员要想从客户那里获得较多信息，就需要尽可能地采取开放性的提问法。使客户对你的问题有所思考，然后告诉你相关的信息。

比如，可以这样来询问客户："你认为我们的产品怎么样？""您对我们的服务有什么看法？"以这种开放性问法询问客户时，提问后要耐心地等待，在客户说话之前不要插话，但是可以视情况说一些鼓励客户的话，使他们大胆地告诉你有关信息，效果也会很好。

通常情况下，人们对于开放性的问法也是乐于接受的。而且他们能认真思考你的问题，告诉你一些有价值的信息。甚至还会对你的工作提出一些建议，这将有利于你更有效地进行推销。

询问用途，为客户推荐最合适的产品

客户之所以会购买某种商品是因为这种商品能帮助他们解决问题，或是能让他们获得享受，或是能带来某种利益。如果能够知道客户购物的用途，销售人员就可以更有针对性地为客户推介符合其需求的商品。

> 李蕾是一位油漆销售员。
>
> 顾客："我需要这些油漆，每种颜色各要两桶。"
>
> 李蕾："好，你想要些什么固色剂呢？"
>
> 顾客："我不知道，有什么可供选择？"
>
> 李蕾："很多，首先请问你要用它刷什么？"
>
> 顾客："这个黄色是厨房用，而蓝色是卧室用。"
>
> 李蕾："我建议厨房用带有光泽的油漆，因为它能形成硬一点的漆面，让你更容易清洗炉具及其他被溅污的地方。至于卧室，我会建议你用浅薄的漆油，因为看起来感觉较柔和。"
>
> 顾客："好吧！就替我把这些油漆调好。"

在客户购买商品的理由中，不同客户最关心的利益点是不同的。有的客户最关心的是价格；有的客户最关心的是服务；有的客户最关心的是兴趣、爱好；有的客户最关心的是安全。销售人员在与客户面谈时，必须千方百计

地找出客户最关心的利益点。只有这样，销售人员的说明才有了方向，才能说到客户的心里，打动客户，促使客户产生购买行为。

询问细节，问得越细，收获越多

一般来说，在销售人员面对客户时，你问得越细，客户答得就会越多；答得越多，暴露的情况就越多，这样，你就能一步一步化被动为主动，成功地发现对方的需要，进而满足他。

美国有一位非常卓越的家具销售员马基亚维里，当有人问起他的心得时，马基亚维里说："我最主要的秘诀就是通过具体细致的发问，尽量让客户多说，自己在倾听的同时用问题来引导，最终发现客户的需求，从而获得订单。"

一次，纽约一家大型百货商场家具部将要开业，马基亚维里敏锐地了解到了这个信息，并通过电话预约到了该商场的负责人。双方约好了面谈时间，很快就见面了。下面是双方交谈的经过：

> 马基亚维里（下面简称"马"）：您好，波比先生，非常感谢您在百忙之中愿意与我见面。
>
> 商场负责人波比（下面简称"波"）：欢迎你的到来。
>
> 马：前几天咱们在电话里交谈时，您曾向我透露过，您计划销售坚固且价钱合理的家具。这样的要求非常有远见。下面，我还想进一步知道，您期望的是哪些款式，您销售的对象是哪些人，还有，您能谈谈您的构想吗？
>
> 波（点点头）：要知道，我们商场附近住着不少年轻人，他们通常喜欢的是新颖的组合式家具。但是，在城区的另一边，住着很多的退休老人，我的叔叔就住在那里。去年，他很想买家具，但是他觉得组合式家具太花哨了；

另外，他也买不起那些高级家具，尽管他也有固定收入。他的烦恼是，以他的预算，很难在这个城市里买到款式好并适合他的家具。他告诉我，他的很多朋友都有这方面的困扰，这是一个普遍的问题。于是，我便做了一个调查，发现我叔叔说得很对，因此，我的商场里销售家具，锁定的就是这群人。

马：您的意思是说，销售目标锁定为高龄用户，他们最在意的应该是家具的耐用性，对吗？

波：没错，这些高龄用户不像年轻人那样频繁换家具，因此他们希望自己的用品能够常年如新。例如，我奶奶家的家具，她在上面铺上了塑料布，一用就是 30 年。虽然，我也明白，这种物美价廉的需求对于生产厂家而言，是有点强人所难，但是我还是认为，一定会有厂商愿意生产这类家具的。

马（肯定的眼神）：这是肯定的。那么，我能再问您一个问题吗？

波（点头）：你问吧。

马：在您心目中，'价钱不高'大概是多少？比如，您认为顾客愿意花多少钱去买一张沙发？

波（笑了起来）：可能是我没有把话说清楚。我不会买进一大堆便宜的劣质货，也不会采购一批上个世纪的"古董"。我个人认为，只要顾客能够确定这东西能够用很长的时间，他们便能接受 500 美元到 700 美元之间的价格。

马：太好了，波比先生，我们企业一定能够帮得上这个忙！请容许我再占用您几分钟，谈两点。第一，我们企业生产的"典雅系列"，无论从外观还是品质上，都能够符合您锁定的顾客群的需要，至于您提到的价钱，我们有绝对的信心能够确保得了。第二，我们可以谈谈这套产品更人性化的设计和优点，那就是永久性防污处理。这项技术使得家具不沾尘垢，清洁非常方便。这些我们可以在接下来的合作中进行详细全面的了解，您觉得如何？

波：好的，没问题。

要成功获得客户的订单，你必须学会技巧性的发问，否则可能找不出客户的真正需求。你一定要把你们的话题引向你确实可以提供帮助的事情上。

那么，在具体的销售场景中，销售人员需要注意询问哪些细节呢？

1. 客户对品牌的偏好

品牌是客户选购商品重点考虑的因素之一。大多数客户在购买商品时都可能有其特殊的品牌偏好。在功能、性能、品质都相差无几的商品面前，客户对品牌的特殊偏好就决定了他们会选购何种商品。下面是一些对话示范：

> 销售人员："先生，想选洗发水吗？请问您一直用哪个品牌？"
>
> 顾客："×××。"
>
> 销售人员："××× 很好用啊。您是喜欢用滋润系列还是去屑系列的产品？"
>
> 顾客："嗯，我一直用的是滋润系列的。"
>
> 销售人员："好的，滋润系列的在这边，我帮您拿！"

2. 客户喜欢的款式、类型

客户在选择自己喜欢的产品时常常容易被不同的款式、类型所迷惑，因为厂家往往推出了许多款式类似的产品，客户很难对其加以分辨。这时他们需要的就是专业销售人员的帮助、指导。销售人员在为客户介绍不同款式的产品时有必要事先明确顾客的喜好，再根据不同款式之间的差别来为其推荐合适的商品，而且向客户推荐的款式要少而精。请看下面的一些话术范例：

> 销售人员："小姐，请问您喜欢什么口味的冰激凌，草莓、香芋还是巧克力？巧克力偏甜一点，草莓的味道比较清淡一些。"
>
> 销售人员："先生，我们这里的外套种类和款式都很多。您是喜欢休闲

一点的，还是正式一点的？"

销售人员："先生，听起来您好像更倾向于选择 A 型号的产品，因为我听您的描述，您更重视它的屏幕体验，是这样吗？（顾客点头）确实，A 型号的产品是挺不错的，它采用了 ×× 的设计，使用的是 ×× 的材质……（具体介绍产品）"

3. 客户的购买预算

客户对于准备购买的任何一类商品都有一个心理价格区间。如果超出了这个预算范围，客户很可能会放弃购买；如果低于心理价格区间，客户有可能对商品的品质产生疑问。因此，了解客户的购买预算，销售人员才能掌握他的消费水平，推介合适的商品。

要想了解客户的购买预算，销售人员可以从客户的穿着打扮来推测客户对商品价格所能承受的范围。或者通过询问客户想选购的品牌、型号、规格等来推断客户的购买预算，还可以直接询问客户的心理价位是多少，以便为客户推荐最合适的商品。

销售人员："先生您好，看液晶电视呀，您想要多大尺寸的呢？"

顾客："42 英寸的。"

销售人员："哦，是准备放在客厅里的吧。那您现在有没有看中的品牌和型号呢？"（旁敲侧击，从顾客看中的品牌度型号来推断顾客的购买预算）

销售人员："小姐，看 ×× 吧，准备选国产的还是进口的？"

顾客："进口的吧。"

销售人员："大姐，我们这里的床上用品很齐全，您大概想选什么价位的？我帮您推介两款合适的。好吗？"

总之，在销售沟通中，你问得越细，了解客户的需求就越全面、越真实，这对促成交易具有不可估量的益处。

积极性提问，透视客户的心理

在与客户沟通的过程中，销售人员应该多提一些内容积极、肯定的问题，以增强客户对产品的信心，并促使他们下决心购买。

例如，销售人员可以进行积极的发问。这种问法的目的是主动引导客户，获得对方的肯定回答，并诱导客户做出决定。

> 销售人员："您喜欢两个门的还是四个门的？"
>
> 客户："哦，我喜欢四个门的。"
>
> 销售人员："您喜欢这三种颜色中的哪一种呢？"
>
> 客户："我喜欢黄色的。"
>
> 销售人员："要带调幅式的还是调频式的收音机？"
>
> 客户："还是调幅式的好。"
>
> 销售人员："您要车底部涂防锈层吗？"
>
> 客户："当然。"
>
> 销售人员："要染色的玻璃吗？"
>
> 客户："那倒不一定。"
>
> 销售人员："车胎要白圈吗？"
>
> 客户："不，谢谢。"
>
> 销售人员："我们可以最晚在 5 月 8 日交货。"

在引导客户做出了一系列小的决定之后，这位销售人员递过来订单，轻松地说："好吧，先生，请在这儿签字，现在您的车子可以投入生产了。"

由此可以看出，销售人员只有不断地通过积极的发问去促使客户多说"是"，才能抓住时机，步步深入，引导客户做出购买决定。

在交谈中，销售人员应避免用下面的方式："你看怎么办？""您是不是盖个章或签个字？"

对客户进行积极性提问是摸透客户心思的一个常用方法，但是如何问才能让客户愿意回答，而且他的回答是真心话，这里面就存在一个技巧问题了。下面介绍几种提问的技巧供销售人员参考。

1. 主动式提问

主动式提问是指销售人员通过自己的判断将自己想要表达的主要意思用提问的方式说出来。在一般情况下，对这些问题客户都会给予一个明确的答复。例如：

> 销售人员问："现在的洗发水不但要洗得干净，而且还要有一定的养护头发的功能才行，是吧？"
>
> 客户回答："是的。"
>
> 销售人员又问："洗发的同时能护发养发，这种具有多种功能的洗发水您愿意用吗？"
>
> 客户回答："愿意。"

当然，销售人员接着就可以问他想要知道的问题："这种含有药物的洗发水含有一种淡淡的药物香味，你喜欢吗？"

如果客户说他不太喜欢，那么"症结"就已经找到了。

2. 反射性提问

反射性提问也称重复性提问，也就是以问话的形式重复客户的语言或观

点。例如：

> "你是说你对我们所提供的服务不太满意？"
>
> "你的意思是，由于机器出了问题，给你们造成了很大的损失，是吗？"
>
> "也就是说，先付50％，另外50％货款要等验货后再付，对吗？"

这类问题的好处在于：第一，它具有检验的作用，即能够用来检验销售人员是否真正理解了客户的观点。如果理解有误，客户就会当场指出。第二，它鼓励客户以合乎逻辑的方式继续表明观点。第三，可以使销售人员对客户的言谈做出适当的反应，可以避免直接向对方表示肯定或否定。第四，它还可以用来减弱客户的气愤、厌烦等情绪化行为。销售人员以问话形式重复客户的抱怨，让客户感到他们的意见已受到重视，其抵触性情绪也就会减弱。

3. 指向性提问

这种提问方式通常是以谁、什么、何处、为什么等为疑问词，主要用来向客户了解一些基本事实和情况，为后面的说服工作寻找突破口。例如：

> "你们目前在哪里购买零部件？"
>
> "你们每天一般能打印多少张？"

这类问题的提问目的十分清楚，也比较容易做出回答，通常用来了解一些简单的、宜于公开的信息，不适合用来了解个人情况及较深层次的信息。需要注意的是，在使用这类问题时要表现出对客户的关心，语气不可太生硬。

4. 评价性提问

评价性提问方法是用来向客户了解对某一问题的看法，而且这类问题一般都没有固定的答案。例如：

"你觉得小型轿车怎么样？"

"你认为租与买哪个更合算？"

评价性提问通常用于指向性问题之后，用来进一步挖掘相关的信息。在很多情况下，客户很可能不愿意对某个问题发表意见。这时，销售人员就应该使用间接评价性的问题。间接评价性问题要求客户对第三者的观点做出评价。例如，"有报道说，某品牌电梯在消费者中信誉很高，你认为它在客户中受欢迎吗？"

5. 建议式提问

销售人员应该主动对客户提出购买相关产品可以获得的相关利益，并给出一些良好的建议，以刺激客户的购买欲望。例如，童车销售人员就可以这样问他的客户：

"请问您买这辆小车是给几个月的婴儿睡觉用还是给一两岁的婴儿坐着用？"

或是问："您买这辆车是愿意让小孩骑三轮稳定些，还是要让他（她）练习一下骑两轮单车的技巧？"

短短的一个问题既赢得了客户的信任和认同，又巧妙地说出了该产品的多种功用，从而给客户留下了良好而又深刻的印象。

6. 适当提答案为"是"或"否"的问句

运用这种提问，可以确定客户有某一个需要。因此，你应该在提问当中把客户的需要加进去，引出"是"或"否"的回答。例如：

> 客户："我们现在用的投影仪，它的操作太烦琐了，好几次在给客户演示时都出了状况。"
>
> 销售人员："所以您希望投影仪的操作简单易用，对吗？"（用选择式询问确定需要）
>
> 客户："是。"

这样的提问方式可以让客户感觉到自己受到尊重，并会放松身心地与销售人员交流起自己的情况。

围绕主题，将关切带给客户

作为一个优秀的推销员，不仅要学会倾听，还需要学会发问。

由于种种原因，有些客户常常不愿意主动透露相关信息，这时如果仅仅靠销售人员一个人唱独角戏，那么这场沟通就会显得非常冷清和单调，而且这种缺少互动的沟通通常都会归于无效。

因此，销售人员需要通过适当的提问来引导客户敞开心扉，以获得更多有关客户的信息，更准确把握客户的实际需求，从而有利于展开有针对性的说服。

懂得巧妙提问题，既可以打破沉默，把谈话导向自己希望的方面上来，还能够让客户感觉到尊重和关切。

> 施莱辛斯基做房产推销员期间，有一位客户看了几处住宅都不太满意。
>
> 当施莱辛斯基了解到这位客户的父亲年纪比较大，并且有些哮喘时，就对这位客户说：

"先生，您一定是想找一个周边环境清净、园区绿化又好的房子吧？"

"没错。"

"那您看这个住宅区。它临近市郊，离它不远处就是一大片麦田和树林。小区里的绿化非常好，绿植覆盖率达到60%多，而且还有一个小型的人工湖。虽然距离市区有一段距离，但交通很便利，开车只有不到半个小时就能到达市中心。对了，小区里面还建有一家综合性的医院。您看这样的住宅您考虑吗？"

"是吗？当然，我需要的就是这样的房子。"

"您是准备和父母一起住的吧？"

"是的。这样我好照顾他们。"

"这儿有一套小型复式公寓非常适合您。老人住在下面，您和夫人、孩子住楼上。您觉得怎么样？"

"是啊，这样是最好的！"

"那我们成交了吗？"

当施莱辛斯基拿出购房同意书时，客户毫不犹豫地签了字。

销售人员必须掌握察言观色的技巧，同时还必须学会根据具体的环境特点和客户的不同特点进行巧妙的提问。也就是说，从见到客户的第一时间起就要关注整体环境和客户透露出来的重要细节，只有建立在最充分信息的基础上的提问，才更具有针对性。

理发师：下午好！

顾客：谢谢！

理发师：您是要烫发吗？

顾客：是啊。

理发师：看起来您今天的心情不错，最近有什么高兴事啊？

顾客：呵呵，我刚从桂林旅游回来，去了半个多月。

理发师：是吗，您爱人陪您去的？

顾客：是。他看我前一段比较累，特意休假陪我去的。

理发师：您真幸福！

顾客：嗯，谢谢！

理发师：那边的紫外线比较强，你感觉头发怎样啊？

顾客：对啊，我感觉近来头发有些涩，不顺滑，而且比较干燥。

理发师：经常在户外，发质就容易被紫外线伤害。

顾客：哦，是这样啊？

理发师：是啊，如果这样的头发不尽快护理，以后会很难打理。

顾客：那我该怎么办啊？

理发师：您真幸运，我们店刚刚进了些进口的头发护理产品，纯植物的，对头发没有伤害，还能营养头发。

顾客：那给我做下护理吧。

在销售沟通的过程中，如果只有你一个人滔滔不绝，无论你讲得多么精彩，客户的接受都是极有限的。因此，你必须向客户提问。"客户的回应比销售员的论述更重要"，这是销售沟通之前就应明确的。

当然，客户和你谈话，是期望你可以在专业方面给出建议。你应当像医生一样，对现状进行诊断，而诊断的最好方式就是有策略的提问。

当客户根据销售人员的问题提出自己内心的想法之后，销售人员就要针对客户说出的问题寻求解决问题的途径，也可以与客户一起商量以找到解决问题的最佳方式。

第四章　**介绍产品**
好处说透，益处说够

◎我们的这款产品具有××、××、××等功能，采用目前最领先的技术，获得了××、××等多项大奖，能为您提供××、××等方面的帮助。

◎××产品也是很不错的，品种丰富，价格适中，与我们的这款产品各有千秋，但在××功能方面，我们的产品体验效果还是很突出的。

◎别看这款产品的功能繁多，好像很复杂，其实操作起来很简单，我可以为您演示一下。

◎是的，您说得不错，我们的冰箱制冷速度虽然慢了点，但耗电量却低得多。另外，我们的冰箱冷藏室很大，能贮藏更多的东西。

◎这是我们公司最新推出的产品，最大的优点是××，还可以××，并根据网络时代的特点提供了××功能。

◎我们的这款产品在市场上已经畅销多年，积累了非常好的口碑，拥有众多忠诚的客户。请相信我，购买这款产品绝对物超所值。

◎我建议您考虑××型号打印机，它的建议使用量是一个月A4正常纸张15000张，而其他型号的打印机建议月打印纸张10000张，如果超过了会严重影响打印机的寿命。从节约办公经费、提高工作效率的角度来讲，还是××型号最具性价比。

◎要不，我给您把这个产品的前几名品牌做一个比较，好吗？

声情并茂，介绍产品要有感染力

大家在日常生活中都能体会到，富有感染力的声音会使你不由自主地产生信赖感。销售沟通中也是如此，如果销售人员在介绍产品时能够声情并茂，富有感染力，那么对促成交易具有很好的帮助作用。但在实际工作中，并非人人都能做到这一点。特别是在向客户进行产品介绍时，由于缺乏与客户的互动，所以很多销售员声音干涩、语调平淡。如此一来，即便销售员掌握了丰富的产品知识，也不能将其很好地传达给客户。我们来看下面这个例子。

一家大型连锁酒店要为服务人员订购一批春秋上衣，华阳服装厂的王珂带着样品找到了酒店的后勤主任郝先生。在看了王珂提供的服装款式和样品后，郝先生拿着一款纯棉衬衫询问道：

"这件衬衫是纯棉的吗？"

"是的，主任，这是纯棉的。"王珂回答。

郝先生："这种纯棉的衣服穿起来很舒服，但是会不会有褪色或缩水的现象呢？"

> 王珂："不会，这款衣服挺好的，从来没出现过这种情况。不过您在洗的时候也要注意……"（一气呵成介绍保养知识）

看了上面的问答，似乎王珂的应对没什么问题。其实，很多销售员都会犯类似的错误：看起来有问必答，回答得也中规中矩，但在沟通中却显得不冷不热，由此也导致其在介绍产品时过于呆板，打动不了客户；当客户有异议时，也只能说："这款产品挺好的"或者"不会出现您说的问题"，等等。致使很多时候客户明明已经对产品有了兴趣，但是听了销售员的介绍后反而没兴趣购买了。就上面那个例子，销售员可以这样回答客户的提问。

> "这件衬衫是纯棉的吗？"
>
> "没错，主任，您真有眼光，这就是纯棉的，穿起来非常舒服。"销售员面带微笑地看着客户，让客户感觉到自己对其正确判断的肯定和赞许。
>
> 客户："纯棉的衣服穿起来舒服，但是会不会褪色或者缩水呀？"
>
> 销售员依然保持微笑："主任，一看您就是选衣服的行家，的确像您说的，很多纯棉的衣服会褪色、缩水，但是您放心，这款衣服我们今年一个季度就销售了两千多件，从来没有客户反映过这种情况。您仔细看看这种纯棉面料（将衣服拿近，和客户一起仔细观察），是采用特殊工艺处理过的，有普通纯棉衣服的舒适性，但却不会缩水、变形。"
>
> 当客户认可后，再简单地向其介绍衣服清洗的注意事项。

从上面两组对话中，我们可以发现，销售员在向客户介绍产品时，应该声音洪亮、节奏鲜明、声情并茂，切忌说话没有高低、快慢之分，没有节奏与停顿，生硬呆板。

要想让自己的解说具有感染力，销售员应该注意以下几点：

1. 大方得体，声音洪亮

首先，销售员自己的底气要足，在产品介绍时声音要足够洪亮，体现出你对产品的信心。同时，还应语速自然，面带微笑，总之，要彬彬有礼而大方得体，不要过分殷勤，也不要拘谨或过分谦让。

有很多刚进入销售行业的人在面对客户时，说话声音较小，甚至有些低沉、沙哑，这不但让客户难以听清他们说话的内容，同时也会给客户留下一个不好的印象。遇到这种情况时，你首先要弄清楚自己的声音是否天生就低沉，还是自己比较害羞，没有自信？然后再具体采取相关的措施。

如果你的声音是天生低沉，可以通过锻炼的方式解决，比如和朋友们一起去唱歌，大声唱，别在乎是否跑调；或者每天早晨起来独自一人在书房或者小区花园里读报纸，这样不出一个月你就会变得说话声音很大。

如果你低沉的声音是因为自己比较害羞、没有自信的话，那就鼓起勇气告诉自己：不要把别人的优点和自己的缺点来做比较而忘了自己的优点，告诉自己你向客户推销是在帮助他们解决问题，他们会因此而感激你。有了这样的观念，而后再进行上述练习，你就会很快摆脱面对客户说话声音小的困惑。

2. 富有节奏，抑扬顿挫

不仅音乐需要节奏，说话也是如此。著名演讲大师丘吉尔就非常重视说话中节奏的把握，甚至把节奏列为口才的四大要素之首。语调是人流露真情的窗口，语调的抑扬顿挫体现了一个人的感情与态度。在销售中，轻柔舒缓、委婉温和的语调及适当的语速能很快缩短销售员与客户之间的距离，进而吸引和感染客户。

在现实中，有些销售员由于急切希望成交，在向客户介绍产品时节奏过快，却没有抑扬顿挫的变化，客户无法听懂他们所想表达的意思。还有些销售员由于性格较内向，说话语速过慢，停顿间隔时间较长，向客户介绍产品时根本不能引起客户的注意。这些都是销售员需要特别注意的。

在向客户介绍产品时，销售员可以通过声音的强弱、呼吸的急缓、音调的高低、节奏的快慢等造成各种氛围，或慷慨激昂，或激情奋进，从而将以声传情作为提高销售口才、吸引客户的重要手段。

3. 坚定的语气，自信的神情

坚定的语气和自信的神情体现了一个人的信心十足与做事果断的品质。当你站在客户面前时有坚定而强悍的"气势"、干练的动作、敏捷的思维，会让客户对你刮目相看。因为这是一种影响力与信服力，它会驱使着客户在你的强势之下，对你充满信心，对你的产品也充满信心。

当然，坚定的语气来自于高质量的产品和真诚的态度。你以这些作为基础，在介绍产品时，定然底气十足。

请记住，你说话的目的就是要打动客户，而打动人心者，莫先乎情。所以，要想成为一名出色的销售员，在向客户介绍产品时，就一定要声情并茂，这样才能感染客户、感动客户，从而实现成交。

展示数据，用权威的数字说话

一般来说，当人们面对翔实、具体、权威的数据时，会不由自主地对其产生一种信任感。因为，用数字说话，既显得专业，又能给人以最基本的信任感。销售沟通时也是如此，销售员在向客户介绍产品时，如果能准确地将一些数据提供给客户，用数据的权威性来向客户展示自己专业的水平和产品的良好信誉，就会增加客户对产品的认可度，激发客户对产品的兴趣和依赖感。

数字本身就具有一种客观性，它的出现代表了一种真实、一项证据。把数字摆在客户面前，就会产生一种"事实就是如此"的效果。请看下面这个例子。

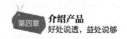

一位卖建筑材料的销售员是这样介绍自己的产品的：

"我们的材料非常适合室内墙壁的使用，它具有保持房间冬暖夏凉的效果。"

这样的介绍，显得很空洞，对客户没有什么说服力。但是，如果我们换一种说法的话，效果就会大不一样。

"您好，××先生，我先介绍一下自己。我是学设计专业的，做了四年的设计工作，设计的作品曾三次获得大奖，现在我开始做市场推广工作。我们这里有一种很适合室内墙壁使用的建筑材料，它具有保持室内冬暖夏凉的效果。这是样品，您可以先看一下。"

客户接过材料，仔细地看着。

他接着说道："不管是在冬天还是在夏天，如果室温在 26 ~ 27℃，使用了这种材料，3 ~ 4 个小时内温度的浮动会控制在 2℃之内。这样既可以节省一大笔空调费，而且还具有隔音效果，是不是很划算？"

客户觉得很有道理，于是签单买下一批材料。

现在，越来越多的销售员意识到了精确的数据在销售中的重要意义。很多商家也在用数字为自己的产品做广告，以增强说服力。而如何适当运用数据，让数据在销售说服中发挥最大的效力，需要我们注意以下这几个方面。

1. 使用的数据要真实有效

销售员准确地运用数据就是为了获得客户的肯定和认可，如果你的数据本身可信度低，比如数据不真实、无中生有等，都会削弱客户对产品的信心。一旦让客户发现你的数据有问题，就会让他对你身后的一切产品，包括公司甚至是你的人品产生质疑，这会造成不可估量的损失。

2. 灵活运用而不是罗列

使用数据，会为产品质量提供重要的证据，但是如果你只进行了数据的罗列，而没有一个具有逻辑性的串联说辞，就会让客户摸不着头脑，找不到产品的重点所在，甚至会让客户以为你在故弄玄虚，对你产生厌烦情绪。

3. 选择恰当的时机

要想你的数据有更强的说服力，在向客户介绍时就要选择合适的时机。比如当客户提出产品质量问题时，你可以用准确的数据来保证产品的质量。

4. 把握好"度"

数据可以作为我们说服客户的证据，但是不加节制地滥用，销售员就会在客户的脑海中形成"假专家"的形象，从而招致客户的异议。

5. 随时更新数据

要知道，许多相关数据是根据市场的改变而不断发生变化的，比如产品的生产日期和需求量等。所以，销售员需要及时掌握产品数据的各种变化，力求每次为客户介绍时都能提供最新的信息。

总之，在销售中，数据是一种实际的，并且具有说服力的营销工具。只要你应用得当，就一定能凭借它签下不少订单。

了解产品，介绍才能清晰全面

作为销售员，最重要的是把产品销售出去，而销售产品的第一步就是向客户介绍产品。如何介绍才能使客户对产品了解得更清晰、更全面呢？这就需要销售员对自己所售的产品做到了如指掌。

在竞争激烈的办公设备行业中，北京的力拓卓越公司具有较强的实力和口碑，新开发的产品也层出不穷。公司常常不定期地开展会，来向客户展示新产品。在一次展会中，公司市场部下了很大的力气，邀请了四百多名客户

参加。市场部中有一位新来的员工何伟，好不容易邀请到了客户李科长参加展会。

展会开始后，李科长如约而至，但在观看产品的时候，他并没有下决心购买何伟给他介绍的那款传真机，而是站在另外一款新型号机器前左看右看。

何伟见状道："李科长，您对这款机器感兴趣？"

"嗯，是的。这款新产品看起来不错，功能很全面。"李科长说。

"其实，这款机器与我跟您介绍的那款的功能都差不多。这款机器是××品牌的0202型号，目前的价格是5500元，今年刚刚上市，销售情况非常不错。这款机器与之前我给您推荐的那款相比，区别在于：这款0202型号的机器……那款机器……"

"听了你的介绍，我觉得这款机器也不错。"李科长道。

"是的，您也可以把这款机器作为您的备选机型。"何伟微笑地回答。

"嗯，是的……"李科长说。

作为一名新员工，却能在第一次参加展会时就说动了客户，关键就在于何伟对产品的了解非常透彻，做到了心中有数。

只有对产品心中有数，才会让客户觉得你是一个专业人士，你所陈述的产品特点和优势也会很自然地被客户接受。因为在整个的产品介绍中，你处于主动地位，在很大程度上，客户的思维已经被你的语言所左右，你已经完全占了销售优势。

因此，销售人员在进行推销之前，一定要对产品的以下基本特征有充分的了解。

1. 产品的名称

有些产品的名称本身就具有特殊的含义。这些名称就包含了产品的基本特征，有可能也包含了产品的特殊性能等，所以销售人员必须充分了解这些内容。

2. 产品的技术含量

产品的技术含量指的是产品所采用的技术特征。一个产品的技术含量高低，销售人员应该心知肚明。在销售时，要扬长避短，引导客户认识产品。

3. 产品的物理特性

产品的物理特性包括产品的规格、型号、材料、质地、美感、颜色和包装等。

4. 产品的效用

销售人员应该知道产品能够为客户带来什么样的利益，这是应该重点研究的地方。因为客户之所以选择购买某种产品，正是因为该产品能够给客户带去他所需要的效用，解决他所遇到的问题。

如果说，销售95％靠的是热情，那剩下的5％靠的就是产品知识。只有具备了丰富的专业的产品知识，销售人员才能够回答客户提出的任何问题，毫不迟疑并准确地说出产品的特点，熟练地向客户展示产品。

突出卖点，介绍产品要扬长避短

销售员向客户介绍产品是促成成交的关键环节。如果销售员在介绍产品时，不能突出产品的卖点，通过产品的价值和优势打动客户，那么接下来的工作将会非常被动。所以，销售员介绍产品要能突出卖点，针对客户需求点中的关键部分介绍产品的功能。

销售员小徐是销售闹钟的，他是这样向客户介绍他的产品的：

"这是我们公司最新推出的新型石英多功能闹钟：它可以定时，还具有备忘录功能——您只要提前进行设置，那么它就会在您设置好的时间提醒您

注意；您还可以根据自己的喜好选择不同的铃声，这里面一共收录了36种悦耳的铃声；另外，这种闹钟还具有计算功能，有了它您就不必再另外购买计算器了……而且，它摆放方便，既可以摆在写字台上，让您在读书写作时对准确时间一目了然。当您外出旅行时，它还可以折叠起来放到枕边、床头，非常方便。"

"是吗？有这么好的闹钟？好，我用用看。"客户买了两个，一个自己用，一个给女儿用。

小徐介绍产品时就做到了将好处说够，将优点说透，从而使产品的卖点淋漓尽致地呈现在客户面前。

任何产品都不是十全十美的，这就要求销售员在向客户介绍产品时扬长避短，成功抓住产品的优点，突出产品的长处，以此来淡化产品的劣势。

在一家超市里，客户在果汁货架前比较了一会儿后，拿着一瓶果汁对销售员说："你们这里的东西似乎比别的地方都贵。"

销售员有些不高兴，反驳道："不可能啊！这种果汁在这里的售价是最低的啊！"

客户："我没看错，你们这里的果汁就是比别家的贵了一元钱呢！"

销售员："哦，你可能是说××牌的吧，因为品质不好，我们已经下架了。不过，喝的东西应该安全第一，一般有钱人都喝这种牌子的，果汁纯度高，味道也好。"

客户："还有没有其他的牌子？"

销售员："有是有，不过那都是中下等的牌子，我拿给你看看。"

客户面带愠色地说："算了，我不要了。"

不管是在超市还是在专卖店购物，有客户感觉产品贵是经常有的事，但上面场景中那位销售员显然缺乏沟通技巧，她的话会给客户这样一种感觉：物品便宜说明品质低，只有没钱的人才会买便宜货。客户当然会感觉很不舒服，更不会买你的产品。正确的沟通方式应该是让客户心里有这样的感觉：这种产品虽然有缺陷，但却非常适合客户。如果客户嫌产品贵了，销售员就不要强调什么有钱人都买这个品牌，应说虽然这牌子价格有点贵，但品质有保障，而且味道非常好。假如客户还是不接受，就给他推荐相对来说物美价廉的产品。下面这位销售员就做得非常好。

> 销售组长在一旁看到这种情况，立刻走上去对客户说："您不是想要果汁吗？我来给你介绍一种即便宜又好的产品。"
>
> 然后组长拿起一瓶果汁说："您所说的××牌果汁，因为品质看起来不太好，所以我们超市就撤了。我手中的这种牌子是最新出的，而且这一瓶的容量比其他产品多五十毫升，味道也不错，很适合一般家庭用。价钱方面，这种比您说的那种贵五角钱。刚才那位销售员拿的那一种，色泽是好一点，但多半是餐厅用，而且他们公司的广告力度比较大，所以定价相对高些，反正羊毛出在羊身上，家庭用就不划算了。"
>
> 客户："家里用的，色泽稍差一点倒也无所谓，只要不坏就行。"
>
> 组长："质量方面您大可放心，您看，这下面有检验合格的标志。"
>
> 客户："那我就先买一瓶尝尝。"

不愧是销售组长，几句话就说动了客户。关键就在于这位组长能展现出自己产品的优势，那就是：果汁的量多，质量有保证，价格也适中。客户感觉组长对产品分析得头头是道，而且能从客户的角度考虑问题，所以他不但对产品放心，对这样的销售员也放心。

可以说，世界上没有完美的事物，再好的产品也会存在缺陷，销售员在

向客户介绍产品时，一定要扬长避短，多让客户看到产品的长处，以优势淡
化劣势，吸引客户的注意力。

那么在使用这种方法介绍产品时，销售员具体需要注意哪些问题呢？

1. 突出产品的优势

客户之所以会购买你的产品，肯定是因为看中了该产品在某方面的优势
所在。因此，在向客户介绍产品时，一定要拿出自己产品的优势来说服客户，
也就是扬产品之所长。

需要注意的是，销售员在突出产品优势的同时，不可过多地夸大，要实
事求是。毕竟，一件产品有突出的优势，自然也会有某些缺点，销售员要做的，
就是扬长避短。

> "的确，这个产品的牌子不太响亮，但它的优点却是最适合你的，它的
> 节电功能可以让你尽情享受 10 天，而且它的价格也比同类产品便宜得多，
> 何乐而不为？"一个手机销售员如是说。
>
> "我们产品的服务是众所周知的，优异的性能再加上优异的服务，您使
> 用起来会更方便舒适的。"一个空调销售员如是说。

2. 产品的优势要能打动客户

销售员如果只一味地向客户介绍产品的优势，但却没有注意该优势是否
符合客户的需求，是否能打动客户，那客户也不会感到产品对自己有什么用途。
比如客户坚持要一款空间大的汽车，你却一再强调你的汽车内饰好、能省油；
客户要一款操作简单的仪器，你却一再强调你的产品功能有多齐全。

高明的销售员会这样做：在介绍产品之前要巧妙询问、认真听取客户的
需求。如果客户的需求与产品的长处一致，那么你就可以将自己产品的优势
和盘托出，并强调这款产品非常适合客户，简直就像为他量身定做的；如果
客户的需求与产品的长处相悖，那么你就要委婉地说服客户，让他明白：你

的产品在他所坚持的需求上虽然不具备很强的优势，但也可以满足他的需求，不但如此，你的产品在其他方面还有卓越的表现。

在商场里，一位购买空调的客户对销售员说："这台空调我想放在卧室里，所以不想要噪音大的。××牌空调和你们的是同一类型、同一规格、同一星级，可噪音却小得多，制冷速度也比你们的快，看来还是××牌空调好些。"

这个销售员立刻爽快地回答说："是的，您说得不错，我们的空调噪音是稍大些，但仍在国家所允许的范围之内，不会影响您家人的健康。我们的空调制冷速度虽然慢了点，但耗电量却小得多。现在不都在提倡节能环保嘛。还有，我们的空调比同规格的都要小巧一些，能帮您省出不少的空间。再说了，我们的空调在价格上要比××牌便宜300元，保修期也长一些，我们还可以上门维修。"

结果，客户痛快地买走了空调。

上面这个案例中的销售员就是一位高明的话术大师，他用"省电、体积小巧、价格便宜、保修期长、维修方便"五种"长处"，弥补了自己空调"制冷速度慢、噪音大"的"短处"，因而提高了自己空调的整体优势，使客户不再执着地要求买噪音小的空调。假如销售员不理会客户的需求，只是一味地讲别家空调的缺点，或者一味地讲自己产品的优势，不但不会成交，还会招致客户的反感。

对销售员来说，当有多种同类产品可供客户选择时，最关键的就是能够说动客户，让客户"选我"而"舍他"。这里面的话术诀窍就是扬长避短地介绍自己的产品，突出自己产品的卖点，从而打动客户。

"演""说"结合，制造良好的试听效果

在向客户销售之前，你需要做很多准备工作，其中一个最重要的工作就是要想清楚怎样才能做好产品的演示。产品演示体现的是销售员的综合能力，需要销售员在客户面前灵活熟练地使用自己的产品，突出产品的优势，并配以简洁明了的语言。如果演示失败，产品的形象会在客户心中一落千丈，而一旦成功，产品的销量渠道就会越来越宽。

做好产品演示，需要销售员思路清晰、语调和谐、有条不紊，当然最重要的还是手法娴熟。那些优秀的销售员都具有高超的演技和解说能力，在产品演示方面做得非常成功。

有的销售员抱怨说："我已经快磨破嘴皮子了，可客户就是不动心。"问题出在哪儿呢？你要明白，你是在向客户销售产品而不是炫耀口才，为什么不向客户演示一下你的产品呢？如果客户对产品产生了兴趣，他自然就会购买的。

通用公司几年来一直想把教室黑板的照明设备销售给一所小学。可联系了无数次，说了无数的好话均无结果。这时一名销售员出了一个主意，使问题迎刃而解。

他拿了根细钢棍出现在教室黑板前，两手各持钢棍的端部，说："先生们，你们看我用力弯这根钢棍，我不用力它就又直了。但如果我用的力超过了这根钢棍能承受的最大范围，它就会断。同样，孩子们的眼睛就像这弯曲的钢棍，如果超过了孩子们所能承受的最大限度，视力就会受到无法恢复的损坏，那将是花多少钱也无法弥补的了。"

所有的人都在认真地听着他的介绍，似乎产生了一点兴趣。

他继续说道："我们先安装上这种设备，让大家来感受一下这种亮度，和以前相比眼睛是不是感觉舒服很多……"

在场的人都体验到了这个设备的效果。

演说结束后，他就接到了一大批订单。

演示的作用有两个方面：一是形象地介绍产品，有助于弥补言语对某些产品，特别是技术复杂的产品不能完全讲解清楚的缺陷，使客户从视觉、嗅觉、味觉、听觉和触觉等感觉途径形象地接受产品，起口头语言介绍所起不到的作用；二是起证实作用，耳听为虚，眼见为实，直观了解，胜于雄辩。

我们都知道，兴趣是促使客户产生购买行动的重要原因。但是每个客户的兴趣不同，这需要销售员进行深入思考和不懈努力，掌握多种方法去激发客户兴趣的产生，并引导客户的兴趣直至促成购买。

在销售沟通的开始阶段，为了引起客户的注意，销售员利用语言抽象地介绍了商品的某种特性，产品的特性宣传形成了客户兴趣的基础。要继续保持客户的注意力，强化客户兴趣的产生，销售员就应进一步证实这些具体特性确实存在，且能为客户相信并采纳。

坎多尔弗曾向一个羊毛衫批发商演示自己是如何销售一种新式牙刷的：把新、旧牙刷给客户看的同时，递给他一个放大镜。坎多尔弗说："用放大镜看看，您自然能发现两种牙刷的不同。"

羊毛衫批发商学会了这一招，没多久，那些靠低档货和他竞争的同行被他远远抛在后面，以至于以后他总是随身带着一个放大镜。一次，他碰到坎多尔弗说："我再也不用不厌其烦地向客户解释为什么我的货价格更高了。客户居然那么容易就接受了这种鉴别方法，我的销售额直线上升了。"

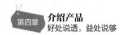

百闻不如一试，现场演示，能让客户亲眼看到产品的好处，能让客户更深刻地理解产品的效用。

销售员生动而又富有诱惑力的现场演示，直观地表达了产品的性能，让客户相信了产品的质量。这一项操作，胜过了无数绘声绘色的描述。

销售员在向客户介绍产品时，遇到的最大麻烦莫过于客户不相信自己，浪费一番口舌，客户却不能接受，甚至没有兴趣了解产品的信息。此时的你应该怎么办？如果你真的束手无策，那么不妨试试在客户面前演示一下产品的效用，因为产品演示永远比语言介绍更有效。

1. 产品演示要切中要害

销售员在向客户做产品演示时，一定要重点突出，把产品最大的优势、最符合客户利益的地方展现出来，包括产品的高效性能、先进技术、节能无污染、高效率等，并对客户的异议做出现场解释，让客户亲身感受到产品所带来的"神奇力量"，这比绞尽脑汁为客户介绍产品的作用大得多。

2. 产品演示要引发客户的兴趣

想让客户更深刻地认识产品的用途，就必须让客户看到产品的优势和特点，让客户亲自体验到产品给他们带来的好处，激发他们对产品的好奇心。比如一位卖打字机的销售员，如果能在现场为客户做打字演示，突出操作简单、高效快捷的特点，就会让客户更好地了解产品。

3. 产品演示要注意与客户的互动

在为客户做产品演示的过程中，销售员只是一个人在台上单独操作而缺乏和台下的客户互动，这是产品介绍的大忌。这样的演示根本达不到介绍的效果。你可以适当地让客户参与到其中来。比如让客户帮你忙，为你拿东西，或是借用客户的东西等，都可以有效地产生"台上台下相互呼应"的效果。

请记住：产品演示是一个向客户介绍产品的好方式。抓住产品的关键点和客户最感兴趣的地方着重"用功"，客户就会喜欢上你的产品。

客观专业，正确评价对手的产品

任何行业都有竞争，尤其是作为销售员来说，竞争更为激烈。有竞争才会有发展，才会有进步，销售员要正确地看待竞争，不仅仅要对对手的产品有深刻的了解，还要用专业的眼光看待竞争对手的产品。因为只有尽可能多地了解竞争对手的产品，才能更好地把握商机，做到得心应手，得到客户，从而促成交易。

比如，当客户认为你的产品的品种没有 A 品牌多时，你可以这样说：

> 导购："是的，小姐，您很细心。我们的品种确实不如 A 品牌的齐全，因为我们不像 A 品牌那样以量取胜，而实际上一般日常使用也不需要那么多品种，对吧？所以我们推出的都是最常用、最经典的品类，一定能满足您日常的需要。您喜欢哪种颜色，我给您试试吧？"

当客户既喜欢你们产品的品质，又喜欢 B 产品的设计外观时，你可以这样说：

> 导购："先生，我们先不管这两款产品哪个更好，如果仅仅是考虑产品的外观和品质，您认为这两者哪一方面对您来说是最重要的呢？"
>
> 顾客："品质。"
>
> 导购："是的，您说的很有道理，品质可是一件产品的生命线。虽然这两款产品的品质都不错，但相比较而言，A 产品的品质要更好……所以 A 产品才是您的最佳选择，您说呢？"

可见，销售员向客户推销时，评价竞争对手一定要客观、准确，时机把握要准，要让客户听得进去。销售员一定要注意不能乱说竞争对手的坏话，无中生有，也不能当面否定客户潜意识已经认可的事实，更不能在客户面前把竞争对手批贬得一无是处。最有效的沟通方式是：销售员在介绍本公司及产品的特点时，不知不觉地说出同行竞争对手的不足，这样才能有效果。

> 苏东旭是一位资深的医疗器械销售员，一次，他去某医院推销新产品，当自我介绍完，并把相关资料递给医院负责采购的李主任后，苏东旭说："这次我们公司联合美国知名医疗器械厂商，推出了一款理疗椅，可以促进血液循环、矫正脊椎、有效防止椎间盘突出，完全采用的是国际先进技术。"
>
> 李主任："这款产品看起来不错，我们也很需要，就是价格实在是太贵了，同类产品××只卖8000元，而你们居然卖到10000元，这相差太多了。"
>
> 苏东旭："您可能没发现，××产品是仿制我们公司产品生产的，在质量和效用上根本就没有保证，也没有经过任何部门检测，这样的产品谁敢用呀！"
>
> 李主任："但我经常看到××产品的广告，却没见你们的产品进行宣传。"
>
> 苏东旭："我们采用的是直销模式，所以没有广告。"
>
> 李主任："直销更应该便宜呀，价格还是太高了，可以降低吗？"
>
> 苏东旭："那你想要多少钱买呢？"
>
> 李主任："7000元。"
>
> 苏东旭："……"

在上述对话中，苏东旭犯了什么错误呢？就是当客户拿同类产品与你的产品相比较时，销售员不能一味地只说自己的产品如何好，而去贬低同类产品，这样不但不能达到树立自己产品好印象的目的，还会让客户对你的人品产生怀疑进而对你的产品产生不信任，交易也会因此而泡汤。正确的做法是：

苏东旭："坦率地说，××产品的价格确实比我们的产品价格低一些，但是我们公司的产品是经过质量认证的，经久耐用。我也曾去看过他们的产品，发现他们的产品是仿制我们公司生产的，在质量上也没有任何认证，在使用的时候就会存在隐患，效用也无法和我们公司的产品相比。"

李主任："但我经常看到××产品的广告，却没见你们的产品进行宣传。"

苏东旭："我们采用的是直销模式，所以没有广告。宣传也是为了把产品的品牌打响，我们公司的产品靠的是质量和先进的技术，而且我们公司的产品比同类产品功能多，能为客户提供更多的服务……如果说宣传，用过我们公司产品的客户都可以是我们公司的宣传代言人。"

李主任："哦，是这样呀。"

这样的介绍既不会过于贬低对方的产品，又能突出自己产品的优势，客户也不会觉得你是一个夸夸其谈的人。所以，销售员要恰当地拿自己的产品与同类产品相比较，从而让客户看到自己产品的优势，这样才是正确的方法。

销售员要想法消除各种竞争产品的影响，就必须首先全面掌握它们的情况。这些情况就是其销售趋势。竞争对手的最新型号是否已在市场上站住脚，售后服务和发货速度怎样，促销手段和广告的花费有多大，有何扩销计划，有什么经商习惯，以及他们的真正价格是多少。特别是搞清楚你的竞争对手的最大弱点是十分必要的。

其实，销售员对于竞争对手的评价，最能反映出他的素质和职业操守。销售员应该秉持客观公正的态度评价竞争对手，不隐藏其优势也不夸大其缺点，让客户从你的评价中明白产品的性能，同时还能体现出你的文化修养。

巧妙揭短，适度说一些产品的"小缺点"

没有产品是完美无瑕的，也没有客户会相信产品会是完美无瑕的，要么是价格不合适，要么是存在其他问题。对此，销售员需要巧妙地自揭其短，告诉客户一些产品的真相和不足，以赢得客户的信赖。如果只是一味地言及产品的好处，反倒会让客户心生疑虑。

客户："你们的价格有点贵！"

销售员："噢，您提出的价格问题，其实不是一个大问题。试想一下，如果您花较少的钱买到的是质量较差的东西，是不是心里十分郁闷？这种产品的质量值得信赖，它不会让您在使用过程中有丝毫的不快。"

客户："既然这种产品如此完美，那我以前怎么没有听说过它？"

销售员："这种产品的设计水平和质量都是国内一流的，只是在外形上不如国外××企业的产品，正是由于这点不足，我们的价格要比国外那家产品的价格低了将近三分之一。"

客户："好吧，我就订你们家的产品吧！"

在销售中，只有诚实地对待客户，才能得到客户的信赖，从而树立销售员及其所在公司的信誉。但是，有些销售员为了顺利成交，就对所销售产品的质量、性能等进行夸张处理，把劣质的说成是优质的，随意夸大产品的性能，产品价格也定得比实际价格高出数倍，企业原本无法做到的售后服务他们也随意承诺。结果呢？这种做法可能会获得一些短期的利益。如果客户一旦发现他面前的销售人员缺少诚实的品性，无论此前双方的沟通多么默契和愉悦，他都会马上产生警惕心理，通常会迅速放弃可能已经形成的购买决定，甚至会破坏销售员和所在企业的形象。

所以，销售员要正视产品的某些缺点，通过诚实的行动引起客户积极的反应。

当然，承认产品的不足并非是简简单单地将所销售产品的所有问题都罗列在客户面前。对客户保持诚信，勇敢地正视产品的不足，需要销售员讲究一定的技巧。不然，当销售员冒冒失失地将产品的某些缺陷告诉客户的时候，客户会因为接受不了这些缺陷而放弃购买。或者，尽管销售员已经将产品的所有真实信息都坦诚地告诉了客户，但是客户仍然认为你讲的话里有水分。

要记住，产品的缺点并不是让客户拒绝购买的原因，你应该明确的是，客户究竟想得到什么？他在乎的也许并不是产品的缺点，而是其他一些方面。产品有不足有时候不是坏事，在一定条件下还有可能会转化为卖点。所以那些著名的销售大师们都是很善于运用产品的缺点来做推销的。

> 有 18 套房子因为每天有 4 分多钟的火车噪音污染，已经搁置了两年多还未出售，于是汤姆·霍普金斯来找开发商洽谈。
>
> "我会在这个月将这 18 套房子全部售完，并希望一套房子的价格增加 30 美元，来为每套房子配备一些家用电器。"
>
> "你疯了吗？这些房子无法卖出去，就是因为火车的噪音，你怎么能够全部售完，还要为它们配备设施？"
>
> "请听我说完。"汤姆·霍普金斯冷静地答道，"我们每天可以在规定的时间内对房屋进行开放，让游人进行参观，并且在房子的正前方写上几个引人注目的字：此屋内放有神奇的礼物，参观之后便知它的奇特之处。这样就会引发人们的好奇心，引进很大一部分人。"
>
> 于是，开发商同意了他的要求。每次，当汤姆·霍普全斯带领着游人参观几分钟后，就开始向他们介绍房子的特色。

"你们静静地听，能听到什么？"

"火车开动的声音。"

"对，但是如果我不提醒你们，你们能听得到这个声音吗？恐怕是早已习惯了，对这个声音早已不在意了，因此它不会干扰到你们。"

汤姆·霍普全斯继续带领人们来到中厅，指着那些家电对游客说："如果这些房子可以出售的话，开发商会将这些家电一块送给你们。因为你们每天要经受几分钟的火车噪音，但是很快就会习惯的。"

他继续说道："想象一下拥有一套房子还带有一套家电设备的感觉，几分钟微乎其微的噪音算什么呢？"

两周之后，他售出了全部的房子。

18套房子不是小数目，但是汤姆·霍普金斯却在一个月内将它们售罄了，他是怎么做到的呢？是的，正是他巧妙地讲出了房子的优点和缺点，让客户在心里做好了权衡，才完成了交易。

很多销售员都是这样，不但能够把产品的缺点介绍给客户，还能让客户愉快地购买。如果不是正确地传达产品的特点，适时地阐明产品的性价比，客户又怎么会完全信任你呢？

所以，销售员需要掌握以下技巧，既可以保持诚信又不至于让客户在产品缺陷面前望而却步。

1. 承认产品的小缺点

世界上没有完美的事物，有利必然有弊。对于产品来说，同样如此。如果销售员只是一味地介绍产品的优势，对产品的缺点只字不提，那么，你把产品说得越是完美无缺，客户心中的顾虑就越大，就会越发不相信你。

告诉客户一些小缺点是必要的。如果你的产品真的很实用，那么这些无关紧要的缺点将不会影响产品在客户心中的形象，甚至还会让客户更加喜欢你的人品，从而对产品产生好感。

2. 巧妙说出小缺点

在向客户介绍产品时，销售员要实话实说，但是要看什么时候说、什么时机说、说什么。这些需要销售员事先做好准备，因为一旦说得不恰当、不到位，就会让客户产生逆反心理。所以，要做到话一出口既能让客户相信，又能让客户接受，最后让客户高兴地购买，购买后还要不停地赞赏你，为你介绍新客户。

请记住：遮掩产品的缺点并不是让客户购买产品的良策，甚至有时还会得不偿失。如实地介绍产品，适度地说一些小缺点，反而让客户心里更踏实，能够放心购买。

第五章 换位思考
将心比心的话最动听

◎我非常同意您的看法，谁都不希望买一件外表漂亮但不实用的产品。

◎您对产品的见解真是独到啊，我们这里正好有一款新产品，非常符合您的要求，您可以
　先看一看。

◎您是不是很想……我们的这款产品具有……非常符合您的要求。

◎ ××太太，作为一名职业女性，肯定会因为没时间教育孩子而苦恼吧？

◎从减少成本的角度来看，分批购买虽然可以减少总价，但现在运费一直在涨，折算下来，
　不如您一次多买一些划算。

以心换心，站在客户的角度说话

凡事从自身考虑，这是人人都有的一种本能。但是这种本能必须控制在合理的范围之内，否则就会变成自私的温床。如果人们打破这种本能，多站在对方的角度来考虑问题，那他必将会得到其他人的信任和好感。

对销售人员来说，客户就是自己要攻坚的对象，拿下了他们自己就收获了利益。从这样的关系来看，销售人员和客户之间似乎是对立的。但世界上的任何对立都是相对的，所以这种对立也不会长久，随时都可能改变。比如，销售员在推销产品的时候，换位思考，站在客户的角度上说话，这样就容易和客户在情感体验、思维方式等方面接近乃至联系起来。如果销售员能够站在客户的立场上体验和思考问题，那就容易和客户在情感上得到沟通，为增进理解奠定基础。最后的结果往往是，既赢得了客户的好感，同时也拿到了订单。

著名企业家王永庆 15 岁开始到一家小米店做学徒。第二年，他用父亲借来的 200 元钱做本金自己开了一家小米店。为了和隔壁的日本米店竞争，他颇费了一番心思。

当时大米加工技术比较落后，出售的大米里混杂着米糠、沙粒、小石子等，买卖双方也都是见怪不怪。但是王永庆多了个心眼，每次卖米前都把米中的杂物拣干净，这一额外的服务深受顾客欢迎。

王永庆卖米多是送米上门，他在一个本子上详细记录了顾客家有多少人、一个月吃多少米、何时发薪等。算算顾客的米该吃完了，就送米上门；等到顾客发薪的日子，再上门收取米款。

他给顾客送米时，会先将旧米倒出来，将米缸刷干净，然后将新米倒进去，将旧米放在上层。这样米就不至于因放置过久而变质。他这个小小的举动让不少顾客深受感动，忠诚度自然提高。

王永庆后来能成为台湾工业界的"龙头老大"丝毫不奇怪。当一个销售员能够站在客户的角度上去考虑问题的时候，他就已经替客户想到了很多，既替客户省了钱，也替客户省了事。事实上，客户如果仅仅是需要米，从别的店都完全可以买到，那为什么选择买王永庆的呢？那是因为，客户不仅仅是购买商品，更看重的是自己心理需求的满足，也就是服务的价值，这部分价值要比商品本身带给客户的价值大得多，也重要得多。

事实上，只要销售人员真的懂得换位思考，那他就会很自然地替客户想，替客户做，替客户说话了。否则，不懂得换位思考，即使是无心之言也会让客户很受伤害。

比如：有位女性朋友到医院急诊，因为她的血管很细，新来的护士找不到血管，在她手上扎了好几针，痛得她嗷嗷叫。她先生就在旁边，礼貌地问小护士："你可以请另一位来给她扎针吗？"小护士说："不行，我要挑战自己。"此话一出，病人差点昏倒，陪着看病的先生也大发雷霆。

相信小护士只是无心之语，甚至还可以说是勇气可嘉，但是，这样的勇气用得完全不对地方、不对时间。因为，她根本就没有替病人考虑，甚至完

全无视病人的痛苦。这样的护士没办法让病人喜欢。

还有的销售人员不断地罗列自己的产品如何好，得过多少奖，销售量有多大，却完全不管客户有没有兴趣，有没有时间听你说这些。更不妥的是，销售人员的表情和神气告诉客户："你如果不选我们的产品，就是你没眼光，没品位。"想想看，这样的销售员能让客户心里舒服吗？

美国口才大王卡耐基的一次经历，也可以作为换位思考的一个典范来参照。他是这样请求一家旅馆经理来打消增加租金的念头的。

当时，卡耐基开办了一个讲授社交训练的课程，地点选择在在纽约某家大旅馆的大礼堂，每季度 20 个晚上，租金要花费 1000 美元。

本来一直合作得很好，但有一个季度，卡耐基刚开始授课，忽然接到那家旅馆的通知，要他支付比原来多 3 倍的租金。不巧的是，课程的入场券已经印好，而且早已发出去了，其他准备开课的事宜都已办妥。显然卡耐基是不想支付这部分额外费用的，那么怎样才能交涉成功呢？

卡耐基决定采用换位思考，认真琢磨旅馆的需求。经过仔细考虑，两天以后，卡耐基去找旅馆的经理。

卡耐基说："面对你们的通知，我有点震惊。不过这不怪你。假如我处在你的位置，或许也会写出同样的通知。你是这家旅馆的经理，你的责任是让旅馆尽可能多地赢利。你不这么做的话，你的经理职位将很难保得住。假如你坚持要增加租金，那么让我们来合计一下，这样对你有利还是不利。"

"先讲有利的一面。"卡耐基说，"大礼堂不出租给讲课的而是出租给办舞会、晚会的，那你就可以获大利了。因为举行这类活动的时间不长，每天一次，每次可以付 200 美元，20 晚就是 4000 美元，哦！租给我，显然你吃大亏了。"

"现在，来考虑一下'不利'的一面。首先，你增加我的租金，也是降低了收入。因为实际上等于你把我撵跑了。由于我付不起你所要的租金，我势必再找别的地方举办训练班。"

"还有一件对你不利的事实。这个训练班将吸引成千的有文化、受过教育的中上层管理人员到你的旅馆来听课，对你来说，这难道不是起了不花钱的广告作用了吗？事实上，假如你花 5000 美元在报纸上登广告，你也不可能邀请这么多人亲自到你的旅馆来参观，可我的训练班给你邀请来了。这难道不合算吗？"

讲完后，卡耐基告辞了，"请仔细考虑后再答复我。"

当然，最后经理让步了。

在卡内基成功说服对方的过程中，只是站在经理的角度，把增加租金与保持租金的好处用数字一个个清楚地表达出来而已。

那么，销售员如何才能做到站在客户的角度上去考虑问题呢？

1. 明确客户的需求与欲望

客户首先想要的是价值，其次是价格，也就是说，客户要的是一个结果，一个让客户满意的结果，或者是一个过程。明确了客户想要的是什么，接下来的工作投其所好就可以了。

2. 了解客户的困难，并尽可能帮助解决

无论是小客户还是有实力的大客户，在生活中都会遇到困难和麻烦，而你的伸手相助，会让他们感受到来自你的真诚和关心，会将彼此的关系越拉越近。

3. 真心帮助，而不是忽悠

有的销售人员为了从客户那里获得利益，就假意关心客户，用花言巧语和沟通技巧构筑陷阱，诱骗客户就范，获得利益后暗暗窃喜。这种销售一般都是一开始很好，但"兔子的尾巴长不了"，因为通过长期的交往客户最终会

看透这种虚伪面目，并采取控制措施，销售就难免出现危机。

我们常说"人心都是肉长的"，你真心对客户，客户就会真心回报你。最高层次的销售，就是没有任何销售技巧的销售，有的只是帮助客户成功的诚心与行动，始终坚持从客户的利益出发，为客户着想，帮助客户获得利益，同时不忘公司利益，专业、敬业、正直，赢得客户发自内心的敬重。

打动心灵，让客户感觉到被重视

对于销售人员来说，打动客户心灵的最好方法，就是巧妙地表现出你衷心地认为他们很重要。著名哲学家约翰·杜威说过："人类天性里有一种最深刻的冲动，就是希望具有重要性。"当客户光临你的商店来购买商品时，销售人员态度冷漠，不理不睬，客户肯定会生气地离开，而且赌气以后再也不会来买你的东西了。当销售人员到客户家里销售商品时，却对客户表现得不够尊重，客户稍微挑剔一点，销售人员就厌烦，甚至和客户争论或者发脾气，那么，这样的销售人员也一定会被客户轰出门的。

人们的情感是变幻莫测的，而引发情感变化的因素有很多，有的会使情绪变坏，有的则会激发人们的正面情绪。"一句话可以把人说笑，同样，一句话也可以把人说跳"，只有善于调动人们的积极情绪，让对方感受到自己是受重视的，才会使彼此之间更加容易沟通。可以说，渴求别人的重视，是人类的一种本能和欲望。的确，生活在社会的大家庭中，每个人都在努力前进，希望得到更高的荣誉和地位，希望得到别人的重视和喜欢。没有一个人愿意默默无闻，不为人知。

因此，这种心理需求正好给销售人员销售自己的商品带来了一个很好的突破口，销售人员可以通过刺激客户的自重感来俘获客户的心。

　　某地一家食品工厂正在进行内部改造和扩建施工,他们贴出的标语是"开办本地最大的食品工厂"。于是,许多生产食品加工机械的厂商都向该厂销售自己的产品,话里话外都在称赞自己的产品有多么好,结果该厂的管理人看都没看他们的产品,这让几家厂商感到沮丧。

　　在这期间,有一家厂商的销售人员也给这家食品厂的管理人打了电话,他对食品厂的管理人说:"我们厂刚刚生产了一批新型食品加工机械,第一批成品已经上市,客户反馈的消息都不错。虽然这样,可是我们还是想进一步改良这批产品,听说您是这方面的专家,有实践经验,又懂理论知识,所以我们想请您在百忙之中光临我厂帮忙检验一下这批新设备,并向我们提出一些改良的意见。我们知道您现在很忙,但我们殷切地盼望您能抽些时间来看一下我们的产品。"工厂的管理人接到电话后,感到很高兴,立刻让秘书安排时间前去指导。

　　他按时到了那家工厂,并认真检验了那批新型机器,之后就开始举办"技术讲座和指导"。厂长把全厂的管理人员和所有技术人员都叫来听这个管理人的讲座,在讲座接近尾声时,他还兴致勃勃地"顺便"介绍了一下对这批机器的评价和自己丰富的经验。讲座结束后,他对在场的人说道:"贵厂这种谦虚、诚恳和精益求精的精神实在可贵,我们厂需要的正是这样的合作伙伴,现在我决定订购一批贵厂的新型机器。如果使用后觉得合适,我们将进一步订购一批机器用于扩建的工厂。"

　　等他回到自己的公司后,秘书对他说:"这家厂商真会销售,那么多比他们厂有名气的产品您都没买,却买了他们的。"管理人却回答:"他们没向我销售什么,只是让我去给他们指导一下工作,没有一个人向我销售这批机器,是我自己看机器的性价比合适才购买的。"

　　由上面的故事可以看出,用恰当的方式让客户感受到被尊重和取悦客户

是一种极佳的营销方式，这样不但能有效地打破客户的心理防线，还能使客户在获得满足和自我炫耀心理的同时与你做朋友，这样，你就会多一个长久的客户。

销售人员应该善于把握客户的这种心理，适时适度地加以刺激和激励，使客户的心理需要得到满足，他自然会很乐意地购买你的产品，接受你的服务。

总之，能够把客户放在心上的销售人员，客户也会把他放在心上。

迎合需求，满足客户的心理愿望

在销售中，销售人员应该为客户挖掘产品的深层价值，让客户明白产品的价值正是自己所需要的。优秀的销售人员非常善用这种技巧，他们总是有的放矢地迎合客户的需求，满足客户的心理愿望，最终获得成交。

世界第一推销训练大师汤姆·霍普金斯曾说："客户在购买产品时会产生两个动因：一个是购买动因，一个是拒绝动因。客户通过权衡这两个动因的得失而做出购买决定。销售员的工作就是找到客户拒绝的原因，帮客户解决问题，把拒绝的动因转换成购买的的动因，最终让客户做出购买决定。"

如果你不能用产品的优势帮助客户，如果你不能让客户知道产品给他自己带来的好处，又怎么能消除客户的拒绝动因，怎么会让他们心甘情愿地购买呢？

> 哈姆是一位很成功的粮油推销商。这一天他来到客户的商店为自己的产品铺货。进门后他就很高兴地说："好久不见，老朋友，你很久都没铺货了吧，货物有没有出现短缺，今年的市场可是很缺货的，我那里货很多，可以给你送过来一点。"

这样说，你会觉得它有吸引力吗？如果是你，听完这样的介绍你想进货吗？但是站在客户的立场上来推销就会有迥然不同的效果了。

哈姆："好久不见，老朋友，现在有一笔能让你赢利几万元的生意，有没有兴趣听一下？"

客户连忙高兴地说："好啊，你说吧。"

"根据市场推算，今年的粮油价格将会上涨30％，不知你是否知道这个信息，今年的出售量将会达到这个数字。"哈姆说着将数字写在了纸上交给了客户，"不知你是否做好了储存工作？"

客户："是吗？这个我不是很清楚。"

然后，哈姆开始为他详细地介绍市场的发展、国家政策的调整、人们的需求情况，然后帮他计算出应该储存多少货物。

就这样，当他为客户做好了计划工作之后，也得到了一笔很大的订单。事实就是如此，换位思考，站在客户的立场上说话，你就能得到理想的订单。

一位销售员，手中有一套很陈旧的老房子想要出售。在很多人看来这并不是一件容易的事情，然而他却做到了，我们来看他是如何做到的。

当客户来看房子时，似乎对那陈旧的地板、衰颓的墙壁和一些陈旧的家具都不满意，不时地眉头紧锁。

客户："这套房子比我想象得还要糟。"

销售员："是的，时间久了，难免陈旧一些，不过你所看到的陈旧都是可以经过装修恢复原貌的，这个你不必担心。"

客户："你说得没错，但是这样做也太麻烦了。"

销售员："确实有点复杂，可是，你看看这套房子，采光效果好，外观

古朴典雅，地理位置也很优越，你看中它的不就是这些吗？大行不顾细谨，这些你都满意了，还在乎那些可以解决的小问题吗？"

客户："好吧，我决定买下了。"

我们也可以这样想，与其说是客户买下了这套房子，不如说是买下了他心中想要的那三个条件。销售员只字不提房子的缺点，只是迎合着客户的想法，一直在强调客户的心中所想，最后用这个"诱惑"点醒了客户，敲动了客户的心。

每个客户都有自己的需求目标，销售员要及时捕捉客户的内心想法，站在客户的立场来说话，这样才能留住更多的客户。

1. 抓住客户的需求目标

销售员想要得到的是产品的成交价值，客户想要得到的是产品的使用价值，如何才能达到两者的和谐统一呢？那就要找到客户对产品的真正需求，站在客户的立场上来推销产品，让客户感受到产品会为自己带来的便捷与利益，这样他们才会产生购买欲望。

2. 打消客户的后顾之忧

你的介绍得到了客户的认可，客户对你的产品已经有了初步的认识，并产生了购买欲望，但是当你向他发出成交请求时，他却犹豫不决，推三阻四，无论如何都不愿意购买你的产品。面对这样的情况，你就要分析，他们担心的是什么，是你的售后服务、产品使用时间的长短，还是其他。确定原因之后，要及时帮客户解决问题，恢复客户的购买信心，最终让他知道购买产品其实是正确的选择。

3. 让客户了解产品的增值服务

客户购买产品，有时不仅仅是为了得到它的使用价值，更是为了获得一些增值服务，给自己带来更多的"甜头"。比如，新出厂的机器可以提升效率、节省资源、免费上门服务等。这些都是客户比较关注的问题。销售员如果能够更多地为客户开发产品的增值服务，那么订单就会逐渐多起来。

4.适当刺激客户的需求

客户进行产品的筛选在很大程度上取决于自身的需求，但是也有一部分购买欲望是由销售员的介绍激发出来的。也许你的一番话会刺激客户的羡慕和攀比心理，促使他临时做出购买决定，这样你就可以顺水推舟，为客户介绍他现在想要的产品。

请记住：站在客户的立场上做销售，卖客户想要的产品，满足客户的需求，你的销售才会有价值。

赢得信赖，沟通中要处处为客户着想

对于销售人员来说，基本上都会以达成交易、获得盈利为唯一目标。这样，就会导致许多销售人员为了使自己获得最大的利益，不惜去损害客户的利益。相应的做法多种多样，他们或者诱导客户购买一些质劣价高的商品，或者是达成交易后就感觉事情已经与自己无关，将售后服务早就抛在了脑后。

一般来说，销售人员的工作当然是为了盈利，但不能以此为唯一目标，更不能采取损害客户利益的方式来达到目的。这样做是一种短视行为。因为，如果客户的利益受到损害，客户对销售人员的信赖度就会降低。长此以往，就会导致销售人员的客户不断流失，从而使自身的利益受到巨大的损害。

正确的方法是：销售人员应该把客户当作自己长久的合作伙伴，把客户的问题当作自己的问题来解决，而不是时刻关注怎么最快地把商品卖给客户。

因此，为了能留住老客户，发展新客户，销售人员就要做到时时处处为客户着想，这样，销售人员才能够得到客户的信赖。

　　鲍勃是一个很有经营头脑的人，从18岁起他就开始尝试做销售。到25岁的时候，鲍勃开办了一家讨债公司。不过，由于是新公司，知道的人不多，公司虽然成立了一段时间，却还一直没有什么大客户，让他很是苦恼。在鲍勃看来，必须要拥有几个大客户，才能在竞争激烈的市场中求得生存与发展。于是，鲍勃决心攻下自己所在地区的银行。

　　这所银行有一个鲍勃的熟人——高登先生。高登是银行的部门经理，他们曾经在一次朋友聚会上认识。于是，鲍勃就给高登打了一个电话："老朋友，我想在你们银行开展业务，应该去找哪一位呢？"

　　"找卡特就可以了，他专门负责这事儿。"

　　"我想你不会介意我提到你的名字吧？"

　　"当然不介意了。"

　　因为鲍勃知道，卡特先生对介绍人很看重，如果缺乏有分量的人介绍，任何找他做业务的人他都不会接见。

　　于是，鲍勃就给卡特打了电话，电话刚接通，鲍勃不等卡特发问，就抢先告诉他说："我是高登先生的朋友，是他介绍我来找您的。"可以说，这句话对接下来的谈话非常有效，说了几句后，他们就约好了会谈的时间。

　　但是，会谈一开始就遇到了困难。卡特一见到鲍勃就说："现在我手中的讨债公司已经有很多了，有许多公司已经花费很长的时间向我极力销售，并都宣称自己的服务是最好的。请问，你的公司有什么特别之处吗？"

　　鲍勃想了想，说道："目前所有的讨债公司都是采取业务提成的办法，最高的达到30％，这对你们来说，是相当大的一笔费用。我们公司将不采取这种办法，我们对每一笔债务只收取一个固定的费用，而且这笔费用并不高。"

　　不过，鲍勃的这个建议没有引起卡特的兴趣。但碍于高登的面子，他还是与鲍勃闲聊了一会儿。

在看似没有意义的闲谈中，鲍勃知道了该银行的讨债业务只有10％由讨债公司处理，另外90％都由银行自己的讨债部门来处理。此时，鲍勃话锋一转，不再把自己与其他讨债公司比较，而是谈起如果用自己的讨债公司来处理这些债务，相对于银行自己来追讨的话，要节约很多的费用。

卡特听得很入迷，看得出来，他对这个很感兴趣。

鲍勃一见卡特提起了兴趣，马上接着就问了卡特几个关于银行管理的问题，试图从回答中再获得一些信息。从卡特的回答中，鲍勃了解到，该银行现在面临着人员膨胀的问题，他们必须在业务繁忙的季节多雇用20％的人，三个月之后又把他们解雇。

"您想想看，因为业务量大，贵行需要雇这些人，雇来后还要负责培训这些人，好不容易培训完了，到最后还得解雇这些人。每一个环节都要花费大量的费用，这实在不划算。"理查德继续说道，"我建议贵行试试'资源外购'的办法，这样做不仅节约资金，而且效果也比较好。"

卡特听了很高兴，就同意交给鲍勃1000名平均欠款为3000美元的客户，先试试他的方法。就这样，鲍勃顺利地得到了一笔300万美元的大订单。

鲍勃是如何拿到订单的呢？从上面的谈话中我们会发现，鲍勃没有与他的竞争对手硬碰硬，而是采取灵活的策略。在谈话刚开始的时候，卡特并没打算给他任何订单，但随着话题的深入，鲍勃了解了客户的难题，站在客户的立场上考虑问题，并提出了自己解决困难的办法，为客户节省了费用，从而轻易地获得了一大笔业务。

在实际工作中，销售人员很容易因为太关注自己的利益而忽视了客户的利益，其结果只能是使客户反感。只有诚心诚意为客户的利益着想，才能得到客户的重视。

有这样一个机械设备销售人员，费了九牛二虎之力谈成了一笔价值四十多万元的生意。但在即将签单的时候，发现另一家公司的设备更适合于客户，而且价格更低。

本着为客户着想的原则，他毅然决定把这一切都告诉客户，并建议客户购买另一家公司的产品，客户因此非常感动。结果，虽然这个人少拿了上万元的提成，还受到公司的责难，但在后来的一年时间内，仅通过该客户介绍的生意就达百万元，而且他为自己赢得了很高的声誉。

抓住客户的利益就抓住了客户的心。当能够做到为客户的利益着想时，可能会牺牲自己的利益，这时，最明智的做法就是放弃眼前的利益，以使自己获得更加长远的利益。

> 一天，原一平去拜访一位客户。
>
> 客户：我目前买了几份保险，是不是应该放弃这几份，然后再向你买一些呢？
>
> 原一平：已经买了的保险最好不要放弃。你在这几份保险上已经花了不少钱，保费是越付越少，好处是越来越多，已经过了这么多年，放弃这几份保险实在可惜。
>
> 客户：是的。
>
> 原一平：如果您觉得有必要，我可以就您的需要和您现有的保险契约，特别为您设计一套方案。如果您不需要买更多的保险，我劝您不要浪费那些钱。

正是这种为客户打算、处处想着客户需要的销售心态，使原一平成了创造日本保险业神话的"销售之神"。

可以说，能为客户着想，是销售沟通的最高境界。当客户意识到销售人员在想方设法、设身处地地给他提供帮助时，他会很乐意与其交往，更乐意与其合作。所以，在销售的过程中，只要销售人员能够站在客户的立场上为他们的利益着想，并真诚地与他们进行交流，就会赢得他们的信赖，并使之成为自己长期而牢固的合作者。

合理建议，为客户提供切实的帮助

在销售过程中，销售员真心诚意地帮助客户并提供合理的建议是解除客户戒备心理、让沟通变得更顺畅的一种非常有效的手段。通常，客户对销售人员充满了警惕和防范，因为他们害怕一不小心就掉进销售人员精心设计的"圈套"。

之所以如此，并非因为客户过于小心谨慎，而是因为有相当一部分销售员不能从根本上真诚对待客户、积极关注客户的具体需求。也就是说，是部分销售员的恶劣行为丑化了所有销售人员在客户心目中的形象。而扭转这种局面的唯一方法，就是用自己的真诚去关心客户，诚心诚意地向客户提供建议、帮助客户解决问题。

詹洪海是天源商场的一名销售员，业绩一直非常拔尖。这一天，他所在的冰箱展台迎来了一对六十岁左右的老夫妇。他们一边仔细看展台上的各种冰箱，一边互相研究和商量，詹洪海热情、认真地向他们介绍了冰箱的功能、质量、服务、价格等。但是，这两位老人觉得商场内还有许多冰箱展台，一时拿不定主意是否买詹洪海介绍的产品，于是说："我们再到其他展台看一看，比较一下再做决定。"

半个小时过后，这对老夫妇又返回来了，他们还是没有拿定主意买哪个品牌。通过询问，詹洪海知道，这对夫妇今天是肯定要把冰箱买回去的，只是要先回去取钱。这时，外面突然下起了雨，詹洪海迅速把雨伞递到两位老

人面前。两位老人不好意思接受这样的帮助，他们说："我们还没决定购买哪种冰箱，恐怕到时候雨伞不好归还。"

詹洪海说："送你们雨伞属于我的个人行为，与你们是否购买我们的冰箱没有关系，再说我们有义务帮助像你们一样需要帮助的人。"

最后，两位老人觉得詹洪海能真心诚意为客户服务，决定从詹洪海负责的展台购买冰箱。当得知这两位老人家中没有其他人时，詹洪海又真诚建议他们购买一款小型冰箱，这样既省电，使用起来又方便。

在上面的销售事例中，与其说是产品最终赢得了客户的信赖，还不如说是销售员詹洪海热情、真诚的帮助和建议最终打动了客户。其实，客户在购买的过程中往往会充满怀疑和警惕，因为他们担心做出错误的判断而陷入商家的圈套。这时，如果销售员能真诚为客户着想，站在客户的立场上提供真诚的建议和帮助，往往可以赢得他们的信赖。

客户："我觉得那套咖啡色的沙发看起来比较大方，而且我一直比较喜欢这种颜色的家具……"

销售人员："请同您家的客厅有多少平方米？如果房间太小的话，您不妨考虑旁边那套比较小巧的沙发，也是真皮的……"

客户："我家客厅有 20 平方米左右，应该能放得下……"

销售人员："您看一下，这套沙发的宽度，是不是放在 20 平方米左右的客厅里显得空间狭窄了？其实主要是因为这个厅比较大，所以很多人一进来就相中了这套沙发，实际上那套小巧玲珑的更适合年轻人，而且价格也低得多……"

客户："确实不错，那就买这套小点的吧。"

在上面的销售事例中，客户之所以那么快做出购买的决定，一个很重要的原因是因为客户感受到了销售人员的真诚态度，因为销售员的建议完全是站在客户的立场上来提出的。只有那些真心诚意为客户着想、全心全意考虑客户实际需求的销售人员才能得到客户的信赖。

对于客户对自己的需要比较模糊和不准确时，销售员要站在他们的立场上提供真诚而中肯的建议。当然，在提出这些建议时，销售人员千万不要指责客户先前的不准确认识，要真正地站在客户的立场上、完全为他们的需求着想，并且要让他们相信这些。

有些客户，他们最初只是有某方面的需求，但不知道该要什么样的产品或服务，这时可能会直接告诉销售人员，让销售人员帮助他们做出选择。在这种情况下，即使销售人员自认为自己的意见比较专业，也要在自信的同时保持谦虚，把最终的决定权留给客户，同时要通过适当的询问了解客户最实际的需求。

当然，还有不少客户出于戒备心理和某些疑虑而不愿意直接邀请销售人员对自己进行帮助，这时销售员可以通过自己的真诚让客户放松警惕，接受自己的帮助。

在为任何一位客户提供建议的时候，销售员都要注意以下几点：

一、自己只是针对客户需求提供个人建议，最后的决定权一定要给客户，千万不要让客户感觉到你对他施加了压力。

二、尽量避免负面的、消极的表达方式，多用积极性语言。

三、为客户构建一个梦想，增加些感性描述，继而激发客户的购买欲望。

四、告诉客户一旦发现产品不合适自己时的解决方法，解除客户的后顾之忧。

只有当销售人员真心诚意地帮助客户解决问题之后，客户之前对销售人员的误解和疑虑才会得到消除，接下来的沟通自然会顺畅得多。

第六章 **因人而谈**
把话说到每一个客户的心坎里

◎先生，每个人都希望买到物美价廉的商品，别的公司的价格可能真的比我们的价格低，

但绝没有第二家能以这么优惠的价格向您提供这么好的商品和售后服务了。

◎您跟××公司的王先生是朋友啊？××公司的产品在这一行是挺不错的。不过我们公

司的产品也有自己的独特之处，您可以先试试，这并不会对不起朋友的，是吧？

◎这款产品是我们公司的新发明。您一定知道××大学的××教授吧，他可是这方面的

权威人士，他曾经专门针对我们的产品进行了研究检验，称赞我们的这项发明确实非常好。

◎实在对不起。一定是我的介绍还不够明白，可不可以把您所忧虑的事情说出来，让我们

一起分析一下好吗？

◎您可能觉得它的功能比较单一，是吧？其实，您也知道，有一些功能好看不好用，功能

多了还容易出故障。我们买它不就是为了做××，您说是吗？

◎一看您就非常有品位，购买我们这款产品的顾客大部分都是像您一样追求高质量生活的

人士。

维护面子，应对爱慕虚荣的客户

虚荣心体现在消费中，就是"不买对的，只选贵的"。同一个牌子的，就选贵的、最好的；不同牌子同一价位的，选择牌子响亮的。这样的心理促使人们在消费时追求一种优越感，而这种优越感在很大程度上是签单的直接动力。所以，销售人员只要摸清了客户的这种心理，并巧妙地维护好客户的这种优越感，就能顺利拿到订单。

在一家家电商场内，一位中年女性正在挑选微波炉，店员走上前来问道："您好，您是要好一点儿的，还是要次一些的？"

中年女性有些不高兴："谁愿意要次的呀，当然要好的！"

店员把名牌微波炉拿出来，女性问："这是最好的吗？"

"当然是，一直在央视做广告的名牌呢！"

"多少钱？"

"1080元。"

"啊？为什么这么贵？我听说最贵的也就600多元。"

"我们这里也有 600 多元的，但那不是最好的。"

"可那也不至于差这么多钱呀！"

"品质差别大，价格当然差得多了，我们这里还有 200 多元的呢！"

听了店员的话，女性有些不高兴，准备转身离开。一直站在一旁观察的主管赶忙走上前来，对女性说："您好，先别急着走，我给您介绍一款好微波炉。"

女性很不情愿地问："什么样的？"

主管拿出另一个牌子的微波炉，说："就是这一种，您看样式也挺不错的。"

"多少钱？"

"550 元。"

"你的店员说这个价位的不是最好的，我不要了。"

"他刚才没有说清楚，微波炉有很多个牌子，每个牌子都有最好的，我拿的这个是这个牌子中最好的。"

"那怎么和你的店员拿给我的名牌微波炉差那么多钱呢？"

"哦，这是制造成本的关系。每种牌子的加热功能、构造不一样，用的材料也不同，在价格上就会有出入。至于名牌的价钱高，一方面是它的信誉好，另一方面是它的容量大。"主管耐心地解释道。

女性的表情缓和了下来："哦，原来是这样。"

主管又说："其实这种牌子的也不差，我自己用的就是这个牌子的，如果您家里人口少，这个挺适合的，容量足够用，体积小，耗电量也小，用起来很方便的。"

女性："我家里倒是只有三口人。"

主管："那再合适不过了，这个容量足够三个人用了，我担保它的质量没问题。"

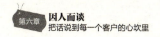
女性买了微波炉走了。一旁的店员还在纳闷："她不是想要最好的吗？四五百的并不是最好的呀？"主管看出了店员的想法，就对他说："你的错误就在于太强调'最好'了。"

"可是，"店员说，"您不是经常告诫我们，要对顾客诚实，我的话并没有错呀！"

"这话当然没有错，错的是你缺乏技巧。我卖出了产品，我也没有对顾客不诚实呀？"

店员显然不服气。主管接着说："我说它是同一牌子中最好的，这当然没有欺骗顾客。推销当然需要技巧，但使用技巧的前提是你先得摸清顾客的心理，她一进门就说要最好的，这表示她优越感很强，可是一听价钱太贵，她不肯承认她舍不得买，自然会把责任推到我们头上，这是一般顾客的通病。假如你想做成这笔生意，一定要变换一种方式，在不损伤她的优越感的情形下，使她买一种比较便宜的货。"

店员这回是真的服气了。

主管的话术有什么秘诀吗？高明之处体现在哪里？其实很简单，主管在沟通中很好地维护了客户的优越感，这一点充分表现在他的语言上：他很委婉地化解了客户的"尴尬"，也很巧妙地维护了客户心中的"最好"，还合情合理地从客户的角度出发考虑问题，使客户心里很受用。这样的语言技巧是很值得学习的。

在现实生活中，许多喜欢炫耀的人买东西并不是出于自己的需要，也不是想送人，而是买给周围的人看，以赢得别人的尊重和羡慕。其实这是自我心理的一种满足，这样的人在心理上往往缺乏安全感，自尊心过于强烈，而自我能力又是有限的，所以缺乏自信，害怕别人看不起自己，因此他们做事一定要讲排场、摆阔气、与别人攀比，并努力证明自己更强。表现在消费方面，就是不管买什么东西都讲究最好、最独特、最能体现身份，以此来渲染自己有别于别人的身份，以引起别人的关注。

对于这样的客户，销售人员要善于对其进行积极的引导，可以向其推荐一些比较高档的商品，但是也不能为了赚钱而坑害消费者。在销售过程中，销售人员要善于给客户以心理上的满足，多对客户进行恭维。说话时要顺着客户的意愿走，不要自作主张给其介绍廉价商品，这些都会让客户觉得是销售人员看不起自己，导致拒绝购买。

礼让三分，应对喜欢争论的客户

在销售中，你会遇到不同类型的客户，其中有一种人专门爱跟别人争来论去地斗嘴。这种客户不论对什么事都爱批评几句。

销售人员对待这种爱争论的客户，必须让他三分，避免直接的争论与冲突，因为销售人员的最终目的是要将自己的产品成功推销给客户，而非在争论上一较高下。

> "刚才这个人真是，明明自己是'老土'，什么都不懂，还非要充行家，老是说这也不好，那也不行，气得我跟他大辩一通。结果呢，他连一句话也说不出来啦！"

这个销售人员当时一定是很痛快，因为他制服了一个苛刻的客户，可是从他的本职工作来看，他无疑永远失去了一个客户，而且这个客户肯定会对身边的人说他的坏话。这样，一传十，十传百，他身边的人对这个销售人员都会产生不良印象。从这点上来看，显然这个销售人员输大发了。

如果改成下面的说法：

"是的，您讲的话的确很有道理。这款产品是我们公司的新发明。您一定知道××大学的××教授吧，他可是这方面的权威人士，他曾经专门针对我们的产品进行了研究检验，称赞我们的这项发明确实非常好。"

销售人员如果提出权威证明，对方通常也就不会再说什么了。就算你知道客户是在诡辩，也不可以指责或点破对方，可以一方面表示理解他的观点，另一方面设法改变话题，从其他方面再跟他谈下去。

在面对爱争论的客户时，销售人员最忌讳的就是指责对方，与客户发生争执。不当面指责客户，不与客户发生冲突，自己的调子低一点，永远保持礼貌、谦虚、谦恭，这并不意味着低人一等，而是一种沟通的艺术。

美国底特律有一家历史悠久的钢材公司，杰弗逊是这里的销售主管。他有一句座右铭："当面指责客户是一件多么可笑的事。你可以赢得辩论，但你什么东西也卖不出去！"

杰弗逊之所以会这样说，是因为他有过太多的教训，后来，他渐渐地明白了，销售中有一条铁律：绝对不要当面指责客户，不要让你的语言使客户感到没面子。

有一天下午，杰弗逊刚上班，电话铃就响了。来电的是一位客户，他抱怨杰弗逊运去的一车钢材大部分不合格。那车钢材卸下1/4以后，检验员报告，有55％不合规格，决定拒绝收货。

这可不是一件小事，杰弗逊马上乘车到对方工厂去，他基本上能猜到问题的所在。在路上，他想，用什么办法可以说服那位检验员呢？

要是在以前，杰弗逊到了那里，马上就会得意扬扬地翻开《钢材等级规格国家标准》，引经据典地指责对方检验员的错误，斩钉截铁地断定自己所供应的钢材是合格的。

但是，无论杰弗逊提出多么确凿的证据，最终，还得按照客户的意见办事，不是把钢材运回去换一批，就是退货。杰弗逊的态度愈是坚决，对方就愈不让步。当然，现在的杰弗逊不会这么做了。

到了客户的工厂后，采购科长板着面孔，钢材检验员满脸怒色，只等杰弗逊开口，就好吵架。杰弗逊见到他们，笑了笑，根本不提钢材质量问题，只是说："让我们去看看吧。"他们闷不出声地走到卸货卡车旁边，杰弗逊请他们继续卸货，请检验员把不合格的钢材一一挑选出来，摆在另一边。杰弗逊看检验员挑选了一会儿，发现他之前的猜测没有错，检验员检验得太严格了，而且他把检验一等品的标准用于检验二等品。

不过，虽然检验员犯了错误，但杰弗逊没有对这位检验员进行任何指责，只是轻声细语地询问检验员钢材不合格的理由，一点也没暗示他检验错了，只是反复强调是向他请教，希望今后送货时，能完全满足他们工厂的质量要求。

由于杰弗逊和颜悦色，以一种非常友好合作的态度虚心求教，检验员慢慢高兴起来，双方剑拔弩张的气氛缓和了。这时候，杰弗逊小心地提醒几句，让检验员自己觉得，他挑选出来的钢材可能是合格的；而且，让检验员自己了解，按照合同价格，只能供应这种等级的钢材。渐渐地，检验员的整个态度改变了。他坦率地承认，他检验钢材的经验不多，并反过来问杰弗逊一些技术问题。杰弗逊这时才谦虚地解释，运来的钢材为什么全部都符合要求。杰弗逊一边解释，一边反复强调，只要检验员仍然认为不合格，还是可以调换的。

检验员终于醒悟了，每挑选出一块原来他认为"不合格"的钢材，就有一种"罪恶感"。最后，他自己指出，他们把钢材等级搞错了，按合同要求，这批钢材全部合格。杰弗逊收到了一张全额支票。

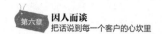

可以想象一下，假如杰弗逊还像以前一样，与客户据理力争，坚决指出客户的错误，结局肯定不会如此完美。杰弗逊不仅让一桩生意起死回生，挽回了一大笔损失。更重要的是：从此与这家工厂、与这位钢材检验员建立了良好的关系，并学会了处理人际关系的艺术，这一点，绝对不是金钱能够买到的。

在销售过程中，与客户出现意见分歧是很正常的事。问题的关键是如何处理这些分歧。杰弗逊之所以能将一桩濒临失败的生意起死回生，就是因为学会了维护和保全客户的"面子"，从而让沟通顺利进行下去。为此，建议销售人员要注意以下几个方面：

1.保持尊重，避免指责

任何人都不喜欢被别人当场指正，在众人面前失面子，所以销售人员应该避免在众人面前纠正客户。如果客户真的有错误，我们应该等到没人的地方再跟客户进行述说，保全客户在众人或者消费者面前的面子，同时也不会影响到客户今后的生意。经营零售业的客户非常明白"你敬我一尺，我还你一丈"的意义，如果我们保全客户面子，他们也会非常尊重我们，为我们保全面子，相互支持，相互配合。

2.多用建议，少用指导

在有些情况下，有的销售人员会直接指出客户经营中的缺陷，这样就会让客户觉得我们在贬低他们，抬高自己的能力，反而会得到不好的效果，也有可能适得其反。指导客户是应该对客户本身经营方式的大部分进行肯定和赞许，再用一些建议性语气如"我觉得""我想"等来提醒客户进行改正，这样客户会非常虚心地接受我们的建议，同时也保全了客户的面子。

3.肯定客户，抬高客户

人人都是好面子的，都喜欢在别人面前展现所长。在销售过程中，可能会遇到客户正在和别人聊天，这个时候我们应该把握机会，抓准时机，抬高客户，加深客户在大家心中的印象；同时也让客户对我们有好感，使我们的工作能顺利地进行。

　　每一名销售人员都应该知道：当你给别人一次"面子"的时候，就可能增加一个朋友，获得一个客户；当你驳一个"面子"时，就可能增加一个敌人，流失一个客户。所以销售人员要谨记，任何时候都要保住客户的"面子"。

有效引导，应对犹豫不决的客户

　　客户在购买产品时犹豫不决是常有的事。对于那些犹豫不决的客户，销售员如果不能正确地处理和解决，不仅白白浪费了口舌，而且还可能就此造成客户流失。

　　客户之所以拿不定主意、左右权衡，通常是因为对产品有疑虑、不放心，或者是因为产品只满足了他的部分需求，抑或是因为客户对产品整体比较认可，但还有一些不满意的地方。这种情况看似为产品成交的障碍，但其实是绝好的销售机会，因为客户对你的产品已经有了认可，你只需对其进行有效引导，便可实现成交。

　　一位女客户走进一家服装店，拿着一件上衣左看右看。店中销售员微笑着迎了过去……

　　销售员："这款上衣看起来和您很配，无论是颜色还是款式，都非常适合您。"

　　客户："真的吗？我也觉得这个挺适合我的，不过……"

　　销售员："真的非常适合您，您就不用再考虑了。"

　　客户："可是这件上衣颜色太浅，穿一天就得洗。"

　　销售员："夏天穿浅色的衣服，看起来很清爽。"

> 客户："我还是再考虑一下吧。"
> 销售员："那好吧。"

面对犹豫不决的客户，有一些销售员只是通对一味地强调产品的优点，企图打动正处在犹豫不决中的客户，这种沟通方式成功的概率很低，因为那样做没有实质性地解决客户内心存在的疑问，所以即便说再多的优点也是无济于事。对于以上的情景，销售员可以采取以下方式应对。

> 销售员："这件衣服真的非常适合您。而且我也看出来您特别喜欢这件衣服。不知道您还有什么疑虑，可否说出来让我们一起分析一下？"
> 客户："这件上衣颜色太浅，比较容易脏。"
> 销售员："浅色衣服是比较容易脏，不过夏天穿浅颜色的衣服凉快、清爽，而且会让人显得非常有活力。"
> 客户："嗯，款式、面料我还算满意，就是我不太喜欢浅颜色的衣服。"
> 销售员："您就是觉得总得洗有点麻烦，是吧？其实夏天的衣服通常都是穿一两天就洗的，并且这个面料特别容易洗，还干得快。头天下班回家洗了，第二天早上一准儿不耽误您穿。另外，我觉得这件衣服您穿出来肯定会很漂亮，不信，您可以先试穿一下看看效果。"
> 客户："好，我先试一下吧。"
> 客户试穿衣服在照镜子的过程中，销售员又说道：
> "您看，这件衣服是不是更能提升您的气质，而且我们的这款上衣数量比较少，很少会撞衫。"
> 客户："是吗？！那好，就买这件吧。"

在面对犹豫不决的客户时，销售员需要切实找到客户的疑虑所在，不要为了急于获得销售成功而一味地鼓动客户购买，而是要运用一定的技巧，让客户在不知不觉中弱化甚至消除疑虑，增强购买欲望，这样销售成功的机会就会大大增加。

在销售过程中，还有一些人之所以犹豫不决是因为自己性格上的优柔寡断，他们明明相信产品和服务的质量，也相信如果做出购买决定会对自己很有利，但就是迟迟不做出购买决定。他们总是瞻前顾后，拿不定主意。对他们来说，主导他们做决定的因素不是购买的好处，而是购买带来的损失或责任——对自己的决定感到不安，怕自己考虑得不够周到，或担心自己得到的信息不够充分，担心决策过早而遭受损失。

对待这类客户，销售人员首先要有自信，并把自信传达给对方，同时鼓励对方多思考问题，并尽可能使谈话围绕销售的核心与重点展开，而不要谈及太多、太复杂的问题。如果客户身边有人，应当谨慎地应对客户身边的人，他们的意见往往决定了销售人员是否能够拿下订单。

现在，我们来总结一下，当客户表现出犹豫不决时，作为销售员都应该运用哪些技巧来化解他的顾虑呢？

1. 找出客户犹豫不决的原因

如果客户在产品前犹豫不决，目光中带有留恋之情，那么客户必然有了想要购买的意向，但是内心还是存在着一些疑虑。对于客户犹豫不决的原因，才是销售员第一时间应该了解和解决的。

因此，销售员要尽量在沟通中引导客户说出犹豫的原因。在引导的过程中，销售员要尊重客户，用委婉的方式向客户提问。例如客户说道："我再想一想，觉得还是……"这时，销售员可以客气地问道："您能否说出您的疑虑，看看有什么我能够帮您解决的吗？"这样，客户碍于面子，也会多少透露一些疑虑的原因。只有销售员获得了客户的真实心理需求，才能够采取下一步的行动。

2. 尽量挽留客户

当找到客户疑虑的原因之后，销售员就要马上对原因进行分析，并快速

找到解决的对策。犹豫不决的客户很可能因为没有得到满意的心理答案而转身离去，所以销售员首先要留住客户，因为客户一旦离开，就代表他已经对产品进行了更多的否定。

只要客户还在，就有成功的机会。销售人员可以从客户关心的方面出发，吸引客户的注意，增加其停留的时间，从而增加成功的机会。

3. 激起客户的购买热情

那些能够引起客户购买热情的产品，总能成为其购买时的首选。除了有些客户对某件产品一见钟情外，不少销售的成功都是在销售员对客户正确引导的过程中实现的。所以，销售员要善于调动客户的购买欲望，增加客户对产品的满意度。

4. 让客户对产品加深印象

在有些时候，客户可能已经下定决心不购买产品了，这时销售员就要变换与客户之间的沟通方式了。对于客户想要货比三家的想法，销售员要给予一定的理解，并有所表示。但是在客户离开之前，销售员还需要做一件重要的事，那就是增加客户对产品的印象。向客户明确地介绍所销售产品的性能和特点，更有利于加深其对产品的印象。

但是在这个过程中，销售员一定要特别注意客户的反应，无论是举止还是表情，只要客户表现出不耐烦，销售员就要马上停止。因为在这时候，沉默才是销售员维护所售产品形象的最好方式。

保持耐心，应对固执的客户

在销售员接触到的客户之中，有这样一类客户：爱钻牛角尖，认死理，往往对一句话或者一件小事抓住不放，不管你怎么解释，他们总是保持自己的固有观点，很难被说服。这种客户就是固执型客户。例如下边这些情景：

> "这件保暖内衣真的有你说的那么保暖？我不信，冬天就穿这一件保暖内衣，不用穿羊毛衫？打死我都不信。"
>
> "敏感性的皮肤用这种所谓的'防过敏的化妆品'都不会有问题？不可能吧？我不信有那么神奇。"
>
> "这款微波炉一点辐射都没有？这绝对不可能……"

对于这样的客户，不少销售员都会感到头疼。尽管如此，那些优秀的销售员还是能够轻松应对，让固执型的客户最终成为买家。

固执的人，总是以自我为中心，希望别人能够认同和欣赏自己的见解和看法，希望别人能够按自己的意愿去行事。这反映出了他们的一种统治心理、一种强烈的表现欲望，希望能得到别人的认同和服从。因此，在销售过程中，销售人员要善于变换主客关系，把客户放到主人的位置上，让客户自己来评判和选择产品。

比如，销售人员可以说：

> "先生，我看您很有主见和判断力，所以您喜欢哪种款式，想必早已经心里有数了吧！"

或者说：

> "看得出您对我们的产品真的是很了解，我想您可以自己来选，有什么需要的话请您随时叫我。"

这样做，就可以把客户推到主动的位置上来，让他说出自己的想法，而且，按照他的说法来挑选商品，销售人员再借势进行销售，客户就自然不好意思反对。反之，如果销售人员不懂客户的心理，只是一味地热情介绍，客户很可能会打断销售人员的话，或者提出很多问题来刁难销售人员，以维护自己心里固有的看法。

某家电商场开展促销活动，有一对新婚夫妇来这里购买家电。女士对家电的了解不多，没有什么想法，一会儿觉得这种好，一会儿又觉得那种也不错，一时间很难拿定主意。而男士则明显对家电有一定的了解，也非常有主见。如果销售人员要给他介绍某种品牌，他看都不看，而是直截了当地对销售人员说自己需要的是一种什么样的款式。销售人员给他介绍了几款，都不是他想要的那种，这让销售人员很是为难。

销售主管看到这种情况后，断定这位男士是一个独断专行的人，在选购商品的时候很有主见，心中已经有了既定的目标，而他又不能具体地告诉销售人员是哪一种，所以让人捉摸不透。如果再这样下去，客户很可能就会因为找不到合适的商品而离开。

为了留住这个客户，主管决定亲自出马，她把这对年轻夫妇引到某一品牌家电的展示区，并对男士说："先生，我看您是那种很有主见的人，这个品牌的家电质量都不错，您看您喜欢哪一种款式？"两个人开始转着看。这时女士好像看上了某一款液晶电视，于是主管便从女士入手："看得出来，您比较喜欢这款液晶电视，先生您觉得怎么样呢？"男士看了看，摇了摇头，而女士则有点不同意，这时男士便开始给她分析这款电视的优缺点，并很快说服了女士。

主管在他们的对话中，大概听出了男士所喜欢的款式类型，于是她便把其中一款比较符合男士要求的电视推荐给了他，并说："我觉得这一款比较符合先生的要求。"主管按照刚才男士在劝说女士时所说的标准来介绍了一下这款电视。因为是男士自己说的话，他也没有什么好反驳的，而且款式也基本与自己的要求吻合，他的妻子也很喜欢，所以就决定购买了。

对销售人员来说，他们最害怕遇见固执的客户。因为，一般来说，固执的客户很有主见，总是以自我为中心，有时还十分独断专行，就喜欢购买某种品牌的产品，不愿意接受销售人员的推荐和介绍。其实，针对固执的客户，销售人员要采用一点技巧，不要试图改变客户的意愿，否则会适得其反，让客户更加不满。正确的做法是，先顺着客户的意思说，然后通过各种信息来探知客户的真实愿望，让客户自己选择，使其处于主动的地位，从而轻松实现销售。

同时，面对固执的客户，销售员需要保持足够的耐心，并要善于分析和观察客户，寻找到客户固执的本质原因，并不失时机地想办法说服客户。一旦消除了客户的固执点，那么销售就已经成功一半了。

在具体的销售过程中，要说服固执客户，并让其最终成为购买者，就需要销售员做到以下几点：

1. 寻找客户固执的原因

不管客户是因为天性固执还是专门对某些问题存在成见，在购买产品时，其固执的内容总是与产品有着这样那样的联系。因此，销售员要首先耐心倾听客户的言谈，找到客户对产品存在固执态度的真正原因，并抓住其中的重点问题加以解决。

2. 用事实与客户对话

对于那些始终坚持自我观点的客户来说，销售员只是简单地站在个人立场上来加以说服就不太容易了，这时采取用事实说话的方式就会比较有效。特别是通过借用一些权威人士的观点，或者是将既成事实摆在客户面前，让客户脱离简单的销售对话，使其从客观上充分地认识问题，那么客户固执己见的观点就很可能动摇。

3. 给予客户一定的肯定

固执己见的客户所持有的观点可能并不完全正确，甚至不少还带有强烈的主观色彩，相对于事实来讲可能没有任何价值。但是尽管如此，销售员还是要善于从客户的观点中寻找正确的方面，适时地给予客户肯定，因为即便是微小的肯定，对促进与客户之间的良好关系都能起到一定的作用。

细致耐心，应对沉默寡言的客户

性格内向的客户大多沉默寡言，而且又不善交际，对陌生人的态度比较冷漠，在消费过程中也会小心翼翼、精挑细选，甚至很难拿定主意。特别是销售人员上门销售的时候，内向型的客户更会提高戒备心，致使交谈的氛围比较沉闷。缺乏经验的销售人员面对这种客户，会觉着束手无策。而且，这类客户就算是有购买意向，做出最后决定的考虑时间也比较长，想要迅速促成交易是比较困难的。

内向型的客户少言寡语，表面上看似反应迟钝，对销售人员及其销售的商品表现得很冷淡，在销售人员介绍商品时也不发表意见，但是销售人员也不要觉得失望，因为此时的客户其实已经在认真地听，并在心里考虑商品的好坏以及自己要不要购买。他们表现得若无其事，其实只是因为他们对陌生人有一种天生的防御和警惕的本能。这样冷漠的态度并不代表客户不愿意搭理自己，不喜欢自己的产品，而只是他们的天性使然。如果因为这些就认为交易没有希望，从而主动放弃销售，这将是你的损失。

事实上，内向型的客户并不难沟通，只要能给他们留下诚恳、实在的印象，就会赢得他们的好感和信任，只要能取得这类客户的信任，拉近彼此之间的距离，就能与之建立比较稳定长久的关系，使彼此的合作一直持续下去。

黄利在某相机专卖店当销售人员。有一天，一位先生来店里看相机，柜台的很多销售人员都主动和他打招呼，询问他需要什么样的相机，他都只是说自己随便看看，到每个柜台前都是匆匆地看一下就离开了。而且经过很多人的询问，这位先生显得有些窘迫，脸涨得通红。转了两圈之后，就准备离开了。

在这个过程中，黄利看出该客户是一个比较内向腼腆的人，而且他感觉客户的心中肯定已经确定了某一品牌的相机，只是因为款式或者价格的原因，或者是因为刚才销售人员的热情招呼，已经让他有些不知所措，从而一时失去了主意。

这时，黄利很友好地把客户请到自己的柜台前，他说："先生，您是不是看上了某款相机，只是觉得价格不合适？如果您喜欢，我们可以给您适当的优惠。请先到这边来坐吧，这边比较安静，咱们随便聊聊！"客户红着脸点了点头，坐下来，跟黄利聊起天来。

聊天时，黄利没有直接提及相机的事，而是说起自己刚参加工作，因为不善言辞而出丑的事。与客户聊了一些这样的话题以后，客户显然对他产生了一定的信任感，于是在不知不觉中已经主动地向黄利透露了自己的真实想法。

黄利便按照客户的需求，为他推荐了一款适合的机型，并且在价格上也给了一定的优惠。最终，客户满意地拿着自己想要的相机离开了。

销售人员要知道，内向型的客户的依赖心比较强，对信任的人会无保留地说出自己的想法。如果销售人员能够用自己的真诚来打动客户，就能够赢得客户的依赖。因此，销售人员在与内向型客户交流的过程中要态度诚恳，说话要有理有据。如果不切实际地夸夸其谈，反而会引起客户的反感，认为销售人员不诚实，从而拒绝他的销售。

另外，内向型的客户不善于表达，销售人员要善于观察和分析，准确地把握客户的心理，并进行适当的引导，就会使问题得到很好的解决。

一个看上去大约十二岁的男孩走进一家工艺品商店，在一个漂亮的八音盒面前停了下来，看了又看。

销售员："欢迎光临，你想买点什么啊？"

客户："……"

销售员："喜欢这个八音盒吗？"

客户："嗯，喜欢。"

销售员："喜欢就买回去吧。"

客户："……"（走到另一个工艺品面前驻足）

销售员："你想选哪一个？"

客户："……"（在工艺品店里走了一圈）

销售员："喜欢哪一件啊？我们这里可以免费包装。"

客户："这个八音盆可以打开看吗？"

销售员："当然可以，里面是一朵康乃馨，而且有好几首动听的音乐。外壳是镀金的，里面是红色丝绒的，放在客厅里很漂亮。"

客户："……"（离开了工艺品店）

销售员："欢迎下次光临。"

因为不善于观察，一些销售员常常无意间忽略了内向型客户，特别是在客户比较多的时候，销售员容易将这类客户当作毫无购买意向的过客。其实在很多时候，这类客户中恰恰有不少是真正想购买产品的人。

销售员："喜欢就买回去吧。"

客户："……"（走到另一个工艺品面前驻足）

销售员："这个也很漂亮。你想选一个礼物对吗？"

客户："嗯。"

销售员："想送给谁呢？"

客户："想送给妈妈。"

销售员："是吗，这么小年纪就懂得孝顺父母了，真是好孩子啊。你刚才看的那个八音盒就很适合啊。你看，它打开之后是一朵美丽的康乃馨。如果你送给妈妈她一定非常喜欢。而且我还可以免费给你做一个漂亮的包装，你看好吗？"

客户："真的适合吗？"

销售员："这里你还有更加喜欢的是吗？没关系，你选择任何一个都可以免费给你做漂亮的包装。"

客户："我还是喜欢那个水晶和平鸽。"

销售员："那个也很漂亮，那么我们就把那只小鸽子包装起来好吗？"

客户："嗯。"

与内向型的客户交流时，销售员常常无法较快地获得足够的反馈信息，而这也成为销售成功的一道障碍。只要销售员能尽可能多地从客户那里获得相关信息，就更容易掌握客户的心理需求，也就更容易制造销售机会，从而使销售成功。

那么，想要从内向型客户那里获得足够的信息，作为销售员都应该如何做呢？

1. 善于察言观色

不善言谈的人更善于通过动作、表情、眼神等表现自己的心理变化，并且在那些惜字如金的话语中，往往包含着一些有关表现其心理的重要信息。

通过对这些肢体语言的观察，销售员往往可以获得更多与其购买产品意向相关的信息。因此面对内向型客户，销售员首先要拥有足够的细心、耐心，要善于通过客户的举止言谈、眼神等揣摩客户的心理，洞察他们的购物意向。不论是眼神的留恋还是脚步的逗留，作为一名销售员都要善于捕捉和利用。因为这些都是内向型客户很有效的表达方式。

2. 帮客户打开"话匣子"

天性不善言谈的人，面对生疏的人时往往很难打开"话匣子"，在购买产品时也不例外。虽然销售员可以凭借客户的举止、眼神、表情等方面获取其购买产品的相关信息，但是往往不够直观，甚至有些时候还可能出现判断错误的尴尬。所以，作为销售员不仅要善于观察，还要善于调动客户，帮客户打开"话匣子"。

想要打开内向型客户的话匣子，就需要销售员具备良好的沟通能力，这种沟通能力不仅仅是语言上的善谈，还要从其关注点入手，并以此为主题展开话题，从而调动客户的主动性。一旦增加了与客户的语言交流，你就会从其身上发现与你的销售相关的更多有效信息，如此一来，想要获得销售成功也就更容易了。

3. 努力营造适合客户的谈话氛围

俗话说："物以类聚，人以群分。"对于那些不善于言谈的人，也就更喜欢与一些性格相似的人展开对话。因此，作为销售员来讲并不是话越多越好，对于不善言谈的客户，销售员就要学会适当地适应他们的谈话方式，不要用销售员惯有的善谈破坏客户的谈话氛围。比如，客户在选购产品时，销售员最好不要滔滔不绝地做介绍，而是要结合观察客户的身体语言和简单的话语，有针对性地为其介绍产品。

用适合客户的谈话方式与其交谈，客户往往更愿意表达出自己的内心需求和想法，销售员也就更容易寻找到客户的关注方向以及关注点，销售成功的机会也就会大大增加。

顺势而谈，应对外向型的客户

有的人性格内向，有的人性格外向。一般来说，性格外向的人的心理活动倾向于外部世界，经常对客观事物表现出很大的兴趣。这种类型的人心直口快，活泼开朗，善于交际，待人也热情、诚恳，与人交往很随和。

一般来说，外向的人总是会受到更多人的欢迎。销售人员也喜欢和外向型的客户相处，因为这样的客户很容易交流，和他们在一起，销售人员不会感到压抑。当销售人员给这样的客户介绍商品的时候，他会很乐意地倾听，并且会积极地参与进来，发表自己的看法。

面对这样的客户，销售人员也应该以比较外向的方式来与之交往，说话要干脆利落，在回答客户的问题时，也要清楚准确，这样会使彼此之间产生志趣相投的感觉，从而拉近彼此的距离。

赵杰是一位办公桌椅的销售人员。一天，他联系了一位客户，是某公司的办公室主任，姓张，他们约定九点到该客户的办公室面谈。

赵杰在去之前，心里忐忑不安，因为最近遇到几个难缠的客户，销售工作进展得很不顺利，这次的会面会有什么结果，实在难以预料。

赵杰来到客户所在的办公大楼，在寻找张主任的办公室的时候，有位秘书小姐已经按照主任的吩咐在迎接赵杰。一时之间，赵杰感到很欣喜，感觉张主任是位比较和善的客户，心中也放松了很多。

到了办公室，张主任很热情地欢迎了赵杰，并且主动地和他聊天。赵杰边和张主任说话，边观察张主任的言行举止。这时还不断地有电话打进来，张主任也不回避，当着赵杰的面接电话。由此，赵杰判断张主任是一个不拘小节、性格开朗的人，所以应该比较容易进行交流。

于是赵杰也不再拘谨，而是顺着张主任的话题谈开，并巧妙地把他引到办公桌椅的话题上来，中间赵杰还穿插了几个自己在销售过程中比较好笑的故事，使张主任把注意力转移到自己身上，并对自己的产品产生兴趣。在张主任问及一些关于产品的问题时，他也简洁、清楚地给了答复，说话干脆利落，给张主任留下了行事干练、讲求实效、业务熟练、自信而精神饱满的好印象，因而更拉近了彼此之间的距离。交谈中，张主任把自己的想法告诉了赵杰，而赵杰也很快就针对他的想法提出了比较合理的方案，让张主任感到很是满意。最后，张主任很爽快地订购了赵杰的十套办公桌椅。

虽然外向型的客户容易对外界事物产生兴趣，但是却也容易对同一个话题感到厌倦。所以，销售人员不要抱住一个话题就说个没完，而是应该摸清客户的兴趣和意愿，顺着他来说，引起他的关注，并巧妙地把自己销售的产品引到谈话当中，让客户在不知不觉之中被吸引。而且，虽然是谈生意，但也不要把气氛搞得过于严肃，销售人员要适时地和客户开开玩笑，或者转移话题，使谈话的氛围变得轻松而融洽。这样，用比较活泼的形式来谈生意，更容易使客户接受。

在具体的销售过程中，要想让外向型的客户成为最终的买家，销售员应该怎样应对呢？

1. 自己掌握谈话主动权

外向型的客户常常会使销售进入一个以他为主要角色的局面，所以面对这类客户，销售员就需要特别掌握与其交流的方向，不要过多地让谈话内容周旋于无关紧要的话题上。销售员要在谈话中尽量抓到主动权，排除一些没有必要的干扰因素，从而保证销售过程的顺利进行。

2. 善于倾听价值语言

善说的人常会向他人传递更多的信息，其中往往有着一些比较有价值的信息。例如在购买服装时，外向的人可能会提到一些流行色、流行元素、搭配方法等，而在购买家具时，这些人也会在有意无意间提到一些有关家装的信息。而这些信息往往能帮助销售员获得更多的销售机会。因此，在与外向型客户的对话中，销售员要善于倾听，善于思考，从对方的谈话信息中找出对自己销售有价值的部分。

3. 利用客户语言制造销售机会

无论购买什么，外向型的客户总是会提出更多的问题。有些销售员认为客户话越多，自己越不容易在谈话中掌握主动权。其实恰恰相反，客户的话越多，销售员获得主动权的机会反而越大。

当客户谈论产品外观时，销售员可以借此介绍产品的做工、质地等方面的优点，让客户意识到产品确实物有所值；当客户谈论到产品价格时，销售员又可以借此向客户介绍产品的超值之处。无论怎样，销售员只要抓住客户语言中那些对促进销售有关的话题，并适度地进行展开，对客户加以引导，那么想要获得销售成功也就变得更加容易了。

第七章　**循循善诱**
让客户顺着你的思路走

◎当您早上起床，穿上运动鞋和休闲装，打开窗户，深呼吸一口清新的空气，然后踏上跑步机，轻松舒畅地开始跑步……

◎你所需要的产品，当然不希望它三天两头出故障，是不是？在使用当中，您肯定希望它的速度能更快一些，对吗？

◎现在是一个知识爆炸的时代，不再像我们以前那样一味从书本上学知识了。现代的知识是要通过现代的方式学的。您不要传统地以为电脑是害孩子的，电脑现在已经成了孩子的重要学习工具了。

◎购买这样一款产品不但经济实惠、方便实用，还可以帮您节省时间。您的时间多么宝贵！假如这款产品每天只为您节省30分钟的时间，加起来，一个月就为您节省15个小时，您可以有更多的时间和孩子一起玩，免得孩子经常抱怨您没时间陪他。

◎现在大家都喜欢时尚的两厢型汽车，因为两厢型的有很多好处，停放方便。大部分人购买汽车，主要是为了出行方便，我想，您也是这样想的吧？

◎××公司的徐经理前几天就在这儿买了一辆这样的车。你们的眼光真是不一般，英雄所见略同啊。

引人入胜，为客户描绘美妙的意境

大家都对"引人入胜"这个成语不陌生了，所谓引人入胜就是指引人进入美妙的佳境，使其流连忘返。那么引人入胜沟通法是指通过一些方法或技巧来吸引客户，让客户产生兴趣，然后销售员再动之以情，晓之以理，打动客户，拿下订单。

引人人胜关键在于打破传统的推销模式，营造一种与众不同的推销氛围，给客户新颖独特之感。传统的推销模式一般都是销售员滔滔不绝地向客户介绍产品的性能、特征、品牌地位等。那些介绍听起来总是硬邦邦的，很专业但是缺乏情感。难免会让客户觉得销售员描述的那个产品离自己很遥远，生活中自己似乎并不需要它。这就导致了很多销售员无功而返。

因此，为了使客户产生购买的欲望，光让客户看商品或进行演示是不够的，我们必须同时加以适当的劝诱，使客户心理上呈现一幅美景，让其产生身临其境的感觉。

一位美国销售员贺伊拉说："如果你想勾起对方吃牛排的欲望，将牛排

> 放在他面前，固然有效。但最令人无法抗拒的，是煎牛排的'滋滋'声，他会想到牛排正躺在黑色的铁板上，'滋滋'作响，浑身冒油，香味四溢，不由得咽下口水。""滋滋"的响声使人们产生了联想，刺激了欲望。

有一位推销室内空调机的能手，他从不滔滔不绝地向客户介绍空调机的优点如何如何，因为他明白，人并非完全因为东西好才想得到它，而是由于先有想要的需求，才会感到东西好。如果不想要的话，东西再好，他也不会买。因此，他在说明他的产品时并不是说"这般闷热的天气，如果没有冷气，实在令人难受"之类刻板的教条，而是把有希望要买的客户当成刚从炎热的阳光下回到一间没有空调机的屋子里：

> "您在炎热的阳光下挥汗如雨地劳动后回家来了。当您一打开房门，迎接您的是一间更加闷热的蒸笼。您刚刚抹掉脸上的汗水，可是马上额头又渗出了新的汗珠。您打开窗子，但一点风也没有。您打开风扇，却是热风扑面，使您本来就疲劳的身体更加烦闷。可是，您想过没有，假如您一进家门，迎面吹来的是阵阵凉风，那是一种多么惬意的享受啊！"

客户就是在他这种蛊惑性的语言之下，乖乖地掏出了钱包。

凡是成功的销售员都明白，在对商品进行说明的时候，不能仅以商品的各种物理性能为限，因为这样做，还难以使客户动心。要使客户产生购买的念头，还必须在此基础上勾画出一幅梦幻般的图景，使商品增加吸引人的魅力。

这种方法也可以用来介绍产品的功能，例如你是销售打印机的，你可以目光温和地直视着你的客户，缓缓地说：

"如果家里有这样一台多功能打印机，会给你带来无穷的乐趣和便利。客户打电话过来需要发传真，不必去找传真机，你只需轻轻按下接收传真的按键就可以；如果你需要把一些重要的图片放在电脑里，不用去找扫描仪，只需把图片放好，按一下扫描的按键，资料就会输入你的电脑；如果你需要的资料很多，也不必到外面去复印，自己就可以做；另外，你还可以利用它制作自己喜欢的各种照片，形象逼真，会让你爱不释手。"

又如你是销售磁疗寝具的销售员，你可以让客户先舒服地躺在你的产品之上，然后再缓缓地告诉他：

"我们每个人的时间都非常宝贵，即使身体有些不适，也很难有时间去看医生，但是疾病就是这样日积月累造成的。如果突然有一天您跌倒在路上，那将是一家人的不幸，而我们的磁疗寝具不需要您刻意地去使用，不会占用您的时间，也不会占用您家里的空间，只要您把它铺在床上，每天在上面睡觉就可以了。"

相信客户听了你生动形象的描述，大多都会动心的。这种绘声绘色的描述其实比干巴巴的介绍要管用许多倍。因为这样可以让他们体会到拥有这种东西之后的幸福、快乐。做到了这一点，你也就成功了一半。

具体说来，引人入胜的沟通法有以下几种方式。

1. 注重客户对产品的体验

关注某种经历对客户带来的感觉、内心和思想的触动。它要求销售员由一个单纯的演说家转变为活动的主持者。在推销的过程中，销售员要尽可能地缩短谈话的时间，把更多的精力用在围绕为消费者创造值得回忆的活动上，增强消费者的情绪体验，以赋予消费者购买行为更多的社会意义。体验可以是感觉体验、情感体验、创造性认知体验、全部生活方式，以及与某一团体或文化相关所产生的社会特性体验。

2. 保持客户对产品的新鲜感、新体验、新追求

这可以借鉴迪士尼乐园的经营经验。迪士尼乐园之所以能获得成功，关键在于它以"提高重游率"为目标的独特的经营理念。为了实现这一目标，迪士尼不断地增添新的游乐场所和游乐项目，不断改进和更新服务方式，使游客不断有新的乐趣和新的体验。由于产品的性能是一定的，销售员在推销过程中要给客户新鲜感，就必须抓住产品的亮点来解说，同时还要注意不要对同一客户重复运用同一种方法。

3. 调动互动过程中的情感因子

销售员可以适当地给客户讲讲故事，或者说说笑话等。无论是故事还是笑话，其软性、感性与想象力的运用，对于一些不愿理会销售人员理性分析产品优点的准客户而言，是绝对具有正面效用的。它可以增加沟通过程中的感情色彩，使客户感受到产品中蕴含的人文关怀，从而放松警惕，轻轻松松与销售员进行谈话。

请记住：产品本身是死的、呆板的、高高在上的，如果销售员再毫无感情地去推销，可想而知客户感觉肯定是冰凉的。自然而然地，客户便不会对销售员敞开心扉，就像天冷的时候我们会不由自主地裹紧衣服一样。

创造需求，让客户产生想拥有的感觉

人与人之间产生交易是因为需求的不同，因为需求，我们才有了销售。而随着市场的发展与完善，销售又有了新的变化，即不仅仅局限于满足客户的需求，更需要为客户挖掘需求、创造需求，让客户承认他有这种需求。市场上，没有一种产品是没用的，就看你怎样出售了。由此可见，让客户清晰

地知道什么是适合自己的，什么该买，才是销售员的首要任务。

人们心中都有一个对产品需求的定位，销售员就是要帮助客户找到这种需求，并将其和自己的产品联系到一起，让客户有想要拥有的感觉，然后做出购买决定。

世界汽车销售第一人乔·吉拉德曾说："在销售中，仅仅让客户产生需求是不够的，你还要更深一步地让他知道购买产品给他带来的好处，以及没有这种产品会给他带来的不便和损失，让他坚定购买的决心。这就像是在干涸的沙漠中行走，突然间看到了水一样，无论如何都要喝到。"

因此，销售员需要做的就是打开客户的心扉，打开客户的购买思路，这样才能更容易说服客户，为客户创造需求，让客户承认自己的需求。

如果只是正面介绍产品的价值，诉说产品的妙用，即使对客户有帮助，他们也会半信半疑，不会让他们对产品拥有热情，更不会让他们做出购买的选择。因为你没有把产品放在客户的心里，这就是那些成功的销售大师们的高明之处。

一位保险销售员是这样向客户介绍的。

> "老朋友，我们这里有一份保险，如果你不买，现在你是不会死，但是死的时候会很惨，当然我说的不是你死得很惨，是你身边的人很惨。"

面对这样的介绍，你是恐惧、气愤，还是想买保险？恐怕是有这个心，也不想从他这里买了吧。但是我们可以换个角度向客户推销，让客户承认自己的需求。

> 客户："你好，很高兴我们又见面了，我知道你是一个很优秀的销售员，但是，很抱歉地告诉你，我和妻子商量了一下，决定不买保险了。"

销售员："好的，我知道了，能告诉我这是为什么吗？"

客户："我们都感觉没有必要。"

销售员："为什么这样说？"

客户："为了节约开支，每次购物时，我都在问自己，如果不买这个产品，我是否能生活下去，如果回答能，我就决定不买了。"

销售员："关于保险你也是这么问自己的？"

客户："是的，不买保险，我依然能很好地生活。"

销售员："您说得不错，谁也不能担保买了保险就能高枕无忧，但是不买保险很可能就会让您后悔莫及。天有不测风云，谁能知道下一刻会发生什么？保险虽然不能为您担保全部的风险，但是一定能为您分担一大部分的损失，如果这些损失全部由您一个人承担，那您承担的就不仅仅是这份保险的金额了。现在没有它，您还能安然地生活下去吗？"

客户想了想，还是决定购买一份保险。

经过销售员的分析，客户终于坚定了购买的信心。销售员把客户认为不需要的产品转化为了"必需品"，并且让客户认为这就是自己想要的东西。

面对一个年薪刚过万元的客户，原一平仍然能够把保险卖给他，我们来看一下他是如何做到的。

原一平："您好，我是一位保险专家，一看您现在就不需要买保险，就算需要也是以后的事了。"

客户："也许吧，总之现在我是没有这个打算。"

原一平："很好，很多时候，我们可以不买它，但是需要了解它的一些内容，以便我们在以后用的时候更方便，您说对吗？"

客户："你说得倒是对。"

原一平："以我对保险的研究来看，每增加一年，保费就会增加3％，如果您太太怀孕了或是出现了其他问题，您再入保险时，费用就会高出以前很多倍了，而且每年都要多付这么多钱，您感觉划算吗？"

客户认真地听着，没有出声。原一平又继续说道："假如您现在投保，几年之后，您的保险费用不变，但是可以节省几倍以上的保费。所以，我现在很乐意为您设计一套投保方案，帮您节省费用。"

就这样，这位客户最终同意购买他的保险。

本来客户认为购买保险是一件很遥远的事情，可是原一平的介绍，帮他认识到了自己的需求，下定了购买决心。

在销售过程中，很多销售员都认为成交是非常困难的，但是如果你能灵活地掌握一些方式，让客户做出购买决定其实很简单。要知道，当客户不明确自己的需求时，他的购买权就掌握在你的手里。

1. 引导客户说出他的顾虑

客户没有做出购买决定总是有原因的，可能一个小小的阻碍，就会让客户无法认清自己的需求。当你在为客户寻找"购买理由"时，可以通过观察他们的言行举止，做出大致的猜测，也可以直接询问客户心中的想法，引导他说出原因，然后再有针对性地进行说服，坚定他的购买信心。例如"请问您还有什么顾虑让您不能做出决定，我们随时可以帮您解决。"如果客户确实有疑虑，他就会向你寻求帮助。

2. 坚定客户的购买心理

确定了客户疑虑的原因之后，销售员就要想办法解决这个问题。在为客户提供帮助的过程中，你一定要保持真诚的态度、亲切的洽谈语气，真正让客户感受到关怀。例如，在向客户介绍产品时，你可以不时地提醒客户"您真是有眼光，选了这件产品，就算买对了，会有很多朋友羡慕您的""这件衣服很适合您的形象，买了它一定会给您增光添彩"等。这些语言会在一定程度上鼓励客户，促成交易。

3. 用紧迫感作为催化剂

当一个人处于紧迫的状态下，会很快做出决定。尤其是当你向客户说明了产品的利益，然后再告诉客户"我们的产品有很多客户在团购，数量已经不多了""我们的促销活动快要结束了，请各位抓紧时间购买"等，给他制造一种紧迫感，从而更快地做出决定。

请记住：客户的需求一部分靠他自己掌握，一部分由你来挖掘。正确地引导客户购买，让他承认自己的需求，就能在互惠互利中完成交易。

巧妙刺激，激发客户的购买欲望

很多时候，销售员已做出了令客户信服的示范，但是客户仍旧无动于衷，这时候销售员必须掌握刺激客户购买欲望的方法，巧妙地向客户说明他在购买产品以后将感到满意，并从中得到乐趣，得到好处，有物有所值甚至是物超所值的感觉。

例如，当客户产生了购买欲望以后，销售员可以帮其算笔账：

"购买这样一台便携式录音机不但方便实用，而且经济实惠。您的时间多么宝贵！假如这台便携式录音机每天为您节省30分钟的工作时间，一个月就能为您节省11小时，一年就是132小时。况且只算了您一人的时间，您的三位同事也可以使用这台便携式录音机，假定他们每个人节省的时间仅仅是您的一半，那么他们每人每年至少可以节省66小时。如果您们的月薪

是 3000 元的话，使用这台便携式录音机，只要半年的时间，仅用节省下来的时间就足以赚回购买机器的费用。这笔账，您看这样算对吗？"

一位体育用品的销售员说：

"假如您增设一个旅行和滑雪用品商品部，您的商店就可成为本地区唯一的拥有各类旅行用品的商店。另外，销售旺季也可延长。秋天终归是比较萧条的季节，对吧？如果您开始销售冬季体育用品，就会把那些正在安排滑雪度假的人们吸引到您的商店里来。他们只要光临您的商店，就可能还会对其他一些旅行用品产生浓厚兴趣。再想一想附近学校里的那些小学生，他们也会来这里买东西，他们可是家庭的小皇帝啊。况且，我们这里的冬季是比较长的。"

销售员的回答合情合理。客户本来就很想购置日光灯，但就是下不了决心，听了销售员的解释后疑虑全消除了。

"如果安装这种新的传送带，我们几乎就得改变整个生产程序。当然我们也希望设备现代化，这可以提高我们的生产效率。但是，我们的情况有点特殊，压力也很大。我们只完成了客户订货的一半，而交货日期又日益迫近。我对您的建议倒是非常感兴趣。不过，我真不知道如何办才好。"

这说明客户的购买欲望已经受到了刺激，不过还没有完全被说服，因此他没有做出购买决定。

> "这个问题确实值得您认真考虑一下。"销售员冷静地说,"您决定把引进合理的操作系统的时间推迟到什么时候呢?我们可以算算这笔账,如果您不购买这种传送带,那就要浪费很多时间。就按您目前的工资水平来算吧,加起来是……"

他们两个人在一起计算。计算的结果使客户清楚地认识到没有传送带的话成本是昂贵的。这样一来,他不仅想购买传送带,而且视之为当务之急。

销售人员在刺激客户的购买欲望时,要注意下面这些问题。

1. 销售员必须刺激客户对他所销售的产品产生浓厚兴趣

靠拼凑一些符合逻辑的理由,是无法激发客户的购买欲望的。说服客户最好的也是最直接的办法是向客户示范产品的特征,从而使客户意识到购买该产品以后他将获得许多乐趣。

2. 销售员必须使客户感到确实需要这种产品,并且迫切地想购买

购买欲望不是来源于理智,而是来源于情感。刺激客户的购买欲望不同于向他证实他对产品有某种需要。许多家庭都需要比较高级的家用电器设备,然而有的家庭却觉得没有那些设备反而更好些。刺激客户,使他们产生购买欲望是非常重要的。

3. 销售员必须能够说服客户

客户的购买欲望受到刺激达到一定程度时,就会产生购买的冲动,当冲动足够大的时候,就会产生购买行为。但是,客户是否做购买决定是很难预测的。客户在做出购买决定的一瞬间如果突然变得犹豫不决,会使销售员感到不知所措,销售员原以为达成交易是十拿九稳的。而那些单位价值低、客户经常随意购买的产品,刺激一下客户的购买欲望就可以达成交易。

4. 销售员要尽量地向客户讲道理,以理服人

在通常情况下,当客户购买某一贵重产品,或者购买足以改变某种生活

习惯的产品时，仅仅靠刺激客户的购买欲望是远远不够的。如果销售员已经成功地刺激销售客户的购买欲望，就应将销售工作继续向前推进一步，让客户相信他的购买行为是理性的，并不是一时冲动。话不在多，有理就行。

在客户不是为自己购买，而是作为代理人替他人或者公司购买的情况下，合理性就显得特别重要，原因是他要向他的主顾或单位证明其购买决定是正确的。在这种情况下，如果销售员用讲道理的方式向客户证明，他的购买行为一定会达到他所期望的效果，那客户的购买欲望就会增强。"如果我的公司拒绝购买这一产品，别人会如何看待我呢？"客户会经常向自己提出这样的问题，销售员也应该考虑到这一点。除了从情感上刺激客户的购买欲望以外，还应该从理智上刺激客户的购买欲望，使他相信，他的购买决定不仅在情感上是合理的，在理智上也是正确的，并且能够得到大家的一致认可。

制造行情，利用客户的从众心理

社会心理学研究表明，从众行为是一种普遍的社会心理现象。这种行为既是一种个体行为，也是一种社会行为；既受个人观念的支配，也受社会环境的影响。客户在买东西的时候，不仅仅会考虑自己的需要，还要顾及社会规范，服从于某种社会压力，以大多数人的行为为参照。在销售中，可以利用一种从众成交法，就是利用人们的"羊群心态"，利用人们随波逐流的从众心理，创造出人们争相购买的气氛，来促成客户迅速做出购买决定的销售方法。

"从众"是一种比较普遍的社会心理和行为现象，也就是人们常说的"人云亦云""随波逐流"。大家都这么认为，我也就这么认为；大家都这么做，我也就跟着这么做。从众心理在消费过程中也是十分常见的。因为人们一般都喜欢凑热闹，当人们看到别人成群结队、争先恐后地抢购某商品的时候，也会毫不犹豫地加入到抢购大军中去。

　　人的消费行为既是一种个人行为，又是一种社会行为；既受个人购买动机的支配，又受社会购买环境的制约。个人认识水平的有限性和社会环境的压力是从众心理产生的根本原因，因此，客户会把大多数人的行为作为自己行为的参照。这种心理当然也给销售人员销售自己的商品带来了便利。销售人员可以吸引客户的围观，制造热闹的行情，以引来更多客户的参与，从而制造更多的购买机会。

　　例如，销售人员经常会对客户说："很多人都买了这一款产品，反应很不错""小区的很多像您这样年纪的大妈都在使用我们的产品"，这样的言辞就巧妙地运用了客户的从众心理，让客户的心理得到一种依靠和安全保障，从而也购买同样的产品。

　　即使销售人员不说，有的客户也会在销售人员介绍商品时主动询问"都有谁买了你们的产品"，意思就是说，都有谁买了你的商品，如果有很多人用，我就考虑考虑，这也是一种从众心理的反映。

　　比如，一位爱美的女孩去买化妆品，她会考虑自己的皮肤特征，但更多的是问问自己周围的朋友买什么牌子的。也许，这个女孩很喜欢一种化妆品，但是她还是会认为大家的口碑才是最重要的，大家认为好的，那肯定就是好商品。

　　来看看下面这个例子。

　　销售员："现在大家都喜欢时尚的两厢型汽车，不是吗？"

　　客户："是啊，三厢式的已经过时了。"

　　销售员："因为两厢型的有很多好处，且停放方便。大部分人购买汽车，主要是为了出行方便。我想，您也是。"

　　客户："那当然了。如果停放不方便，还买它来干什么呢？"

> 销售员："您看的这一款车，也是两厢型的，而且动力好、速度快。我想，这个应该能满足您的要求，是吗？"
>
> 客户："你说的确实不错，但我更需要耗油量比较小的车子。"
>
> 销售员："您看看这一辆吧，它就非常符合您的要求。"

销售员通过向客户说，现在客户都喜欢两厢式的汽车，因为诸多的原因，而起到了一个群体效应，客户也容易认同。而且在介绍过程中，销售员也知道了客户的需求，这样更有利于后续工作的展开。

因此，作为销售人员，应该先胸有成竹地向客户介绍产品，尽量让客户知道，大多数人选择了这样型号的产品。如果出现分歧，客户会说出他的疑虑。销售员就能够知道客户真正的需求，再根据对方的需求对销售策略进行调整。

很多客户，尤其是年轻的客户都喜欢追赶潮流。但是，刚开始不了解产品的时候，他们就会想出各种理由拒绝。当销售员主动向其推销时，客户一般会以"我没钱"来推辞。

很多销售员听到这句话的时候，都会打退堂鼓了，因为觉得没有必要再浪费时间。商品也不可能违反公司的规定打折，或是白给。其实，仔细想想，这样的话，八成是客户找的借口，很可能是因为销售员没有把产品介绍到点子上，没有把产品的"价格"与"价值"向客户解释清楚，让客户感到此产品对自己没有什么好处。如果一样东西对一个人没用，不管价钱是多少，对他来说都是贵的。来看看下面一个例子。

> L是国际知名香水品牌的销售人员。她明白，香水属于奢侈消费品，很多客户会以没钱为由而拒绝购买。但是，她自有办法。
>
> 这天，她来到了一位时尚、漂亮的年轻白领C小姐的住处。对于L的销售，

C小姐表示了拒绝。这时候，L注意到C小姐的客厅里有一个女用高尔夫球袋。她立刻计上心头，话锋一转，说道："这个高尔夫球袋真漂亮，您爱好打高尔夫球？"

C小姐："是的，这个球袋是我去参加巴黎时装周的时候购买的。"

L："高尔夫球可是一项名副其实的贵族运动，花销可不低的。"

C小姐："是的，我在上面可是花了不少钱。现在有点上瘾，每周不打一次，我心里就不舒服。"

看着C小姐眉飞色舞的样子，L紧接着说："小姐，您这样青春靓丽，又这么时尚，相信一定知道我们这个品牌了。我们这个品牌的香水，就是专门为你们这样青春时尚而且高收入的女性设计的，我们的产品简直就是为您量身定做的。"

"为你们这样青春时尚而且高收入的女性设计"这句话会让客户觉得，自己使用的是高收入一族使用的产品，如果不使用，就像自己没品位似的。

这样一来，"没钱"就难以成为其不购买的借口了。

销售人员在客户以"没钱"作为借口的时候，首先要进行分析：对方是真的没钱还是借口而已。要根据客户的穿着、言谈举止等进行判断，如果对方确实没有钱，就可以换一个适合对方的产品进行推销；如果对方仅仅是找借口，就要运用群体理论向客户说明，这类产品是专门向他们那样的人销售的，让客户感觉到，如果自己不购买，就显得格格不入了。

从心理学的角度来说，客户之间的相互影响力要远远大于销售人员的说服力。人们更信赖身边的人，而不是那些总想着掏光自己口袋的销售人员。"羊群心态"的优势也正在于此。但是，值得注意的是，对那些个性较强、喜欢自我表现的客户，就不适合使用这个方法。对他们用这招恐怕不仅不能达到目的，可能还会起到一定的反作用，失去这个客户。

借力打力，让 "第三者" 来替你说话

在销售过程中，我们发现很多销售员业绩平平，无论怎么努力依然难有突破。是他们的能力不够，或是方法不正确，还是做事循规蹈矩，没有创新？可能兼而有之。但是想成为一个优秀的销售员，得到客户的青睐，最为重要的一点就是要带给客户一种权威感和信任感，要让自己在客户面前 "有身价" "有内涵"，这样客户就会主动购买你的产品。那么，销售员如何做到这一点呢？不妨试试利用 "第三者" 来让自己变得更有价值吧！

当你说出 "我是某著名公司的职员" "我们的产品是由某知名演员来代言的" "我们的产品是由国家权威机构认证的" 等，客户首先在心理上就会对你的产品有一个多角度的认识，"嗯，他们公司的东西应该还不错"。正是因为了解到这一点，那些优秀的销售员在为客户推销产品时也通常会这样做。

美国联合保险公司董事长克莱门特·斯通曾说："当客户对我们的产品总是半信半疑时，最好的办法就是寻找足够的证据，找到一个合适的 '中间人'，此时他的一句话胜过你的十句，因为他是产品的实践者，他的话就是证据。"

"第三者" 的妙用在于当客户对你的产品印象不好，或者对产品的信息了解得比较少，再或者对产品的质量始终持怀疑态度时，第三方的出场就会给他们吃一颗定心丸，让他们有一种安全感。

也许你的产品质量很好，价格也合理，但是市场的销售量却总是很低，就是无法得到客户的认可，你是否想过让第三者来帮忙呢？如果没有别人为你的产品做宣传，你怎么能轻松地打开市场，博得客户的芳心和信任呢？

在一般情况下，客户都会对销售员抱有一定的戒备心理，但当他得知自己熟悉的人或是较为出名的公众人物也在你这里买了东西，那情况就不一样了。

杰恩是一家知名销售培训公司的销售员，为了提升公司的培训业务，他兢兢业业，全力以赴。这次，他来到一家大型公司为他们做宣传介绍。

杰恩："您好，想必您一定听说过××大公司吧，他们的销售培训工作是国内一流的，并且公司内配备了国内各类优秀的销售精英来为公司做培训。他们培训出来的销售员，业绩都是突飞猛进的。"

客户："对，这个公司无人不知啊。他们的实力确实很强。"

杰恩笑着说道："是啊，听说和您并驾齐驱的××公司，去年有一千多名员工过去培训了呢！今年他们公司的业绩不是就有所提高了吗？"

客户："说到这里我就生气！是啊，今年他们的员工就好像打了兴奋剂一样，干劲十足，你说这真是培训的效果吗？"

杰恩："那当然！冒昧地向您请教一下，您作为公司的主要负责人，肯定也会为公司员工提供良好的培训平台吧？"

客户："那是当然。"

杰恩："那你们的培训工作是如何进行的呢？"

客户："我们每周对员工进行一次小培训，每月一次大的实践演示……"

杰恩："是这样的，这是我的名片，您看一下，我就是那个公司的业务培训员，我想我们会为您提供更加完善的方案，帮助您完成培训的。"

客户："好，我来看看你们的培训方案吧。"

就这样，利用公司的威名和客户竞争公司的实例，杰恩完成了自己的销售。他并没有介绍自己公司的培训业绩，而是把实际效果向客户展示了一番，结果让客户心服口服地接受了他的建议。

我们再来看看下面这个案例中，"第三人"的效用是如何发挥作用的。

有一位优秀的汽车销售员，在每次汽车交易完成之后，他都会把客户的情况记录下来，以便给客户做介绍时使用。几次下来，他发现一些有影响力的客户会为他的销售起到"推波助澜"的作用，因此他每天都将这份名单随身携带。

这一天，老客户又来了，上次他看中了一款奔驰车，本来想买，但是由于价格较高，没有购买。这次他依然是来看那款自己中意的车的。

"我喜欢的那辆车还在吧，有没有人想要买走它？"

销售员高兴地说道："那辆车很多客户都看过了，尤其是一些公司的经理，每次看到都是爱不释手，好车谁不想要啊，但都是因为手头紧，他们都有心无力。这不就在等着您吗？"说着打开车门："这么好的车，您进去感受一下，它的设计是非常合理的，坐上去非常舒适。"

客户试完车之后很满意。

"车是不错，价格能不能再优惠一点，不然的话还是再等等吧。"

"物有所值，所以价格才会高一些啊。××公司的经理前几天就在这儿买了一辆这样的车。你们的眼光真是不一般，英雄所见略同啊。"

"是吗？他也买了一辆这样的车吗？"客户眼前一亮，好像心有所动。

"是啊，他要了一款白色的，您呢？想要什么颜色的啊？"

"那我就要一款银色的吧。"

这桩生意就这样成交了。本来客户是想找借口降低价格的，对于是否购买还在犹豫之中。可是当销售员把某公司的经理搬出来之后，客户立刻坚定了购买信心，很快便完成了交易。

销售不在于职位的高低，而在于能否做到自我肯定，给客户信心，客户才会围着你转，才会让你的身份升值，从而影响更多的客户。那么在销售活动中，如何才能提升自己的身份，增强"第三者"的效用呢？

1. 让权威机构提高你的身价

在销售中，过度的谦虚在客户眼中等于自贬身价，而适时的自我褒扬则会让客户更看得起你，更愿意买你的产品。权威机构就是提升你身价的最直接、最有力的证据。比如"您好先生，我是××大学研究院的研究生，我这次来的目的是为您提供一种很有帮助的资料。您可以先看一下这个……"这就是借助权威机构首先把自己的身份提高了，达到了吸引客户的目的。

2. 让公司的威望助你成功

如果你们公司是一家很有名望的大公司，那么在销售中适当地提出自己公司的名字，就会让犹豫的客户产生信赖感，甚至马上做出购买决定。如"您好，这是××公司新出的一款女士化妆品，您看一下，××公司不陌生吧；他们是……"本来满心怀疑的客户，听到对公司的介绍便坚定了购买的信心。

3. 借助权威专家说服客户

在销售中，一些有名望的、有影响力的权威专家会助你一臂之力。当你在为客户介绍产品时，他们的出现能让客户轻松快乐地接受你的产品。

如果你是一位洗发用品的销售员，为客户推销产品时就可以这样说："这是电视中经常播放的××牌子的洗发用品，你看一下就会知道。××（明星）为我们做的广告。刚刚我已经卖出几十瓶了，他们都特别喜欢××（明星）。"

请记住：在销售过程中，"第三方"的语言有时候比你自己的话更能说服客户，更容易让客户相信。善于利用"第三方"的效用，也就能更进一步地促成交易。

深入挖掘，用语言"钓"出客户的潜在需求

人的需求有显性和隐性之分，显性的如吃饭、睡觉、看电视，等等，是自己很容易意识到的。而隐性的需求，是自己意识不到或者还没有意识到的，

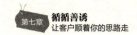

比如，每个人都有理想，而理想通常都很"远大"，在现实的压力面前就容易变得越来越模糊。但是，理想这种需求一旦被唤醒，就能够产生巨大的感召力，并转化成一种具体、实际的行动。

人的需求各种各样，比如，夏天天气很炎热，人们的需求是凉快、舒适，为了满足这种需求，人们就会想到去买空调来实现；人们都有健康的需求，所以在喝水时会选择买矿泉水；人们有虚荣心，所以买名表不是为了看时间，而是为了彰显自己的身份……事实上，这些东西都可以看作是一种具体化了的"理想"。

作为销售人员，只要能够挖掘出客户沉睡的需求，将类似上面的"理想"唤醒，就能产生巨大的感召力，使他们的这种需求变成实际、具体的购买行动。

被称为"世界上最伟大的推销员"的乔·吉拉德就是个挖掘客户沉睡购买欲望的高手。他通常和前来买汽车的客户进行这样的对话：

吉拉德："先生，您为何要选择买一辆车子呢？"

客户："为了方便周末带着太太和儿子到郊外旅游。"

吉拉德："哦，太好啦，一周的辛苦，到了周末带着家人到郊外放松是个好主意。"

吉拉德："您准备选择怎样的车型？是越野还是轿车？他们可是各有特点的。"

客户："尽量适合多种路况的车子。"

吉拉德："哦，城市越野是再适合您不过的，它是兼顾城市和野外两用的功能型轿车。"

吉拉德："你想选择一款在什么价位区间的呢？"

客户："5万美元左右吧。"

吉拉德："好主意！您看这一款就是符合您需要的。"

> 吉拉德："来，坐进来试一试。"
>
> 客户："好的！"
>
> 吉拉德："您想想看，您的太太坐这个位置，您的宝贝坐这个位置，当您驾驶着这辆车以每小时 120 码的速度奔驰在郊外的马路上，您的儿子会欢呼着说'爸爸太棒啦'，您的太太也会因为您的选择而自豪，您的家庭会因为您的这个选择而更加幸福美满，这不正是您想要的吗！"
>
> 客户："是，就这辆啦。"
>
> 吉拉德："您是分期还是全款，为了使您最快地享受这辆车子给您带来的好处，我建议您选择全款，这样我们代办一切后续手续，您看怎么样？"
>
> 客户："好的！就按您的建议。"

从对话中可以看出，整个过程乔·吉拉德都在理清和挖掘客户的"理想"，利用客户的"理想"，成功地激发了客户的"购买欲望"！

如果说买空调、矿泉水都属于实在、朴素的"欲望"的话，那对于那些奢侈品的追求，则表明人们心中对"成功""优雅""时尚""高贵"等的渴望，在这种渴望的驱使下，商家只是针对不同人群设定了不同的宣传语，就打动了人们的心。尽管这些奢侈品都很昂贵，但是人们还是愿意狠下决心满足自己。

比如，购买钻饰的年轻夫妇会听到这样的描述：

> "您看，这枚 TESIRO 通灵的戒指来自钻石王国比利时，它款式简洁，两股线条缠绕于指尖，您有没有感觉到它非常适合您的手型？"
>
> "当您和朋友在一起的时候，欧洲经典钻石品牌可以衬托出您身上的高贵气质和不凡的品位，让您备受瞩目，更重要的是，它是你们美满未来的永恒信物。"

劳力士和香奈儿的消费者，因其身份不同，听到的情景描述也相差甚大，年轻男士会被告知：

> "专业、精准是劳力士的追求，当您戴上它到公司时，将体现出您能掌控每一分钟的专业素质。"

中年男士则听到：

> "劳力士是成功人士的象征，当您戴上劳力士出席会议的时候，会自然散发出王者的气息，让人倾慕不已。"

针对年轻女性，香奈儿会从追求简洁、精美，突破传统，追求个性的角度来设计场景，如：

> "当您在周末舞会中翩翩起舞的时候，香奈儿会让您展现出唯美、个性十足的一面。"

当你把销售的奢侈品和客户需求有机联系起来，并想象出一幅有趣的、具体的、能打动人心的图画，然后像放电影一样有声有色地展现给客户，彻底激发客户的想象力时，就能很容易唤醒他们的购买欲望。

在影响、干预、左右客户的消费行为时，一般有三种营销手段：关系干预，先建立与目标人物非比寻常的关系，再进行引导消费，这是最佳干预方式；利益干预，主要通过利益引导，展示产品卖点，塑造符合消费者功能与情感需要的主题；规则干预，这种手段效果不大，但操作简单，贬低对手、自夸产品皆属于此。

成功激发客户的购买欲望，也可以从这几个方面入手去挖掘。对销售人员来说，只有挖掘出客户深层次的欲望，才能获得大订单。比如，一个人口渴了，你可以给他推销水，这就是满足了他最表面的欲望。但是，如果你告诉他："喝水也会影响健康，所以，最好选用矿泉水。"那他可能就会倾向于矿泉水。而如果你还引导他："有的矿泉水中的某种微量元素是多少，是最适宜人体吸收的。"那他就可能选择你推荐的产品。如果普通水是一元钱一瓶，而有微量元素的矿泉水是四元钱一瓶，那你就多赚了三倍的钱。这就是挖掘客户沉睡的购买欲望的好处。

得寸进尺，让客户不知不觉地扩大消费

有一则非常经典的"蚕食"故事，说的是一个乞丐看到一户人家在晾晒香肠，就向主人乞讨。主人没有理睬，这个乞丐便说："我很饿，你能不能就切一片给我？"主人想了想："一片也不多。"就给乞丐切了一片香肠，乞丐吃了香肠以后向主人道谢，就走了。第二天，乞丐又来了，还是向主人乞讨一片香肠，主人又满足了他的要求。这样，接下来的每一天乞丐都向主人乞讨一片香肠，直到最后整节香肠都被乞丐吃完。

在销售中，有很多类似"蚕食"的故事。因为人们往往对价值比较小的商品不会很在乎，在销售员的极力推荐之下，往往愿意购买。有经验的销售员绝不会一开始就向客户推荐价格很高的商品或者服务，而是在商谈过程中把自己想要推荐的商品一点一点地提出来。这样累积起来，就会得到"一整节香肠"。

美国社会心理学家弗里德曼与弗雷瑟做过这样一个实验：他们让自己的助手到两个普通的居民小区劝说人们在房前竖一块写有"小心驾驶"的大字标语木牌。

在第一个居民区，他们直接向人们提出这个要求，结果遭到很多居民的

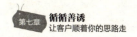

拒绝，接受的人仅仅有 17%。

而在第二个居民区，他们先请求众居民在一份赞成安全行驶的请愿书上签字，这是很容易做到的小小要求，所有的被要求者都照办了。他们在几周后再向这些居民提出在自家房前竖立"小心驾驶"标语木牌的有关要求，这次的接受者竟占被要求者的 55%。

为什么同样是竖牌的要求，却会有如此截然不同的结果呢？

这是因为，当你对别人提出一个貌似"微不足道"的要求时，对方往往很难拒绝。否则，似乎就显得"不近人情"。

而一旦接受了这个要求，就仿佛跨进了一道心理上的门槛，很难有抽身后退的可能。当你再次向他们提出一个更高的要求时，这个要求就和前一个要求有了继承关系，能让这些人容易顺理成章地接受。

这就是心理学上的进门槛效应，也叫得寸进尺效应。

这就是说，在向人们提出一个微不足道的小要求时，人们很难拒绝，否则就太不通人情了（先进门槛再逐步登高，得寸就步步进尺）。为了留下前后一致的印象，人们就容易接受更高的要求。

> 在一个建筑工地上，某下水材料销售员与水电安装工程的主管洽谈一笔下水材料生意。
>
> "S311-085 的下水管 16 元一米，卖不卖？"主管漫不经心地问道。
>
> "您开玩笑吧，出厂价都不止 16 元一米呢？这么便宜，我们怎么能卖啊？"
>
> 事实上，S311-085 的下水管出厂价的确都是 18 元一米，加上送货到工地的运费，需要花到 18.5 元一米的成本。

于是，由于这个销售员的坚持，这笔生意泡汤了。

再看看下面这个销售情景。

主管对另外一家的销售员这么问：

"S311-085 的下水管 16 元一米，卖不卖？"

销售员知道，建筑工地购置下水材料总共需要二三十种不同型号、数目较大的下水管及配件。他在推销 S311-085 下水管的时候不赚钱，反而亏了。但是，他可以想尽办法从其他型号的产品中将利润"补"回来，以保证整体上是赚钱的。为了保证生意得以继续下去，销售员说了：

"主管，那你们还需要别的吗？为了保证管道的配套统一，都用一家的产品才会更好。"

"那么，你们 S311-085 的弯管是多少钱？"主管问道。

"这个 10 元钱一个。"

"什么？这个都要 10 元钱一个？"主管故作惊讶地问。

"主管，市面上这种型号的弯管您又不是不知道，都要卖到 12 元一个了。您放心，价钱上面我能便宜您，就便宜您了，就像 S311-085 下水管一样，16 元一米，您上哪儿都找不到这样便宜的产品。"

"好吧，10 元就 10 元吧！"

销售员抓住主管因为图 S311-085 下水管便宜而不愿意轻易放弃这笔生意的心理，在后来的二十多个商品的价格上，常常以 S311-085 下水管作为挡箭牌，顺利挡住了主管讲价的气势，终于在后来商品的谈价中处于理想的地位，使生意反败为胜。

聪明的销售员在掌握了这种"暗度陈仓"的方法后，也可以主动出击。有时候，故意将客户了解的第一个商品的价格开得很低，甚至低于成本价，以吸引客户的注意，然后再在其他商品上增加利润。这样一来，万一客户只购买你那种低价产品，你就可以说："先生，我很想满足您的要求，但您知道，我们这里的商品是配套的，您买一种的话，就会让我们其他的商品难以卖出去。

所以，请您一起购买了吧！"这样说，不仅是一种引导全面成交的努力，也是一种对单一买卖的婉拒，可使你进退自如，立于不败之地。

一些销售员认为，拿到小订单，不等于销售的成功，因为他们赚不到多少钱。尽量争取大额订单的做法，在有时候还是比较明智的，即使它意味着有"鸡飞蛋打"的风险。实际上，比起你获得大额订单的机会来说，这种风险还是值得去冒的。另外，你也很少会失去最初达成的那笔小额交易。例如，在汽车生意中，客户同意以最低的价钱购买某种型号的车后，销售员会努力再向客户推荐增购一些其他的配件，以期增加他的微薄佣金。这样在大多数时候，就能把一辆装备简单的汽车的生意转化为一笔大额交易。

一位顾客选定了一条价值 20 美元的领带。正当他掏出信用卡准备付钱的时候，那位销售员问道："您打算用什么样的西服来配这条领带？"

"我想，我穿我那件藏青色的西服应该很合适吧。"顾客回答说。

"先生，我这儿有一条漂亮的领带，配您的藏青色西服应该很合适。"说完，他就抽出两条标价为 25 美元的领带。

"是的，正如您所说，它们确实很漂亮。"顾客点了点头，并且把领带顺手放入购物袋。

"再看看与这条领带相配套的衬衣怎么样？"

"我想买一件蓝色条纹衬衣，但我刚才没有找到。"

"那是因为您还没有找对地方，您穿多大的衬衣？"

还没有等顾客反应过来，售货员已经拿出三件蓝色条纹衬衣，单价为 60 美元。

"先生，您感觉一下这种质地，难道不是很棒吗？"

"是的，就这个中号的吧！请问您能不能给我一张名片？下次我需要的时候，会再来找你。"

就这样，销售员把一条 20 美元的领带生意扩展为 130 美元的交易。客户在购买过程中，提出过什么异议吗？没有，而是心满意足地离开了，临走时还要了一张名片。

请记住，作为销售人员，就要懂得把客户本来想要购买的产品扩充，引导客户消费，让客户在不知不觉中提升你的销售业绩。

第八章

巧言释疑

把客户的异议变成满意

◎我们产品的价格、款式，您都比较满意，那还有什么不满意的地方吗？或是我没有介绍周全的？

◎真是不好意思，浪费了您这么多的时间，也没有为您找到一双合适的皮靴，真是很抱歉。

◎您的这个问题非常有代表性，也有许多顾客提过类似的问题，不过我可以负责任地回答您，我们的产品是经得起考验的，您看，这是质量认定证书，这是国家的3C认证，这是……

◎别看这款产品的功能繁多，好像很复杂，其实操作起来很简单，我可以为您演示一下，很容易就完成了。

抓住关键，问出客户异议的真假

在现实的销售中，你会遇到客户提出的各种异议。这些异议有真有假，这就需要销售员具备敏锐的洞察能力及良好的分析能力，正确辨别客户的真假异议，识别客户的真实想法。否则，你的很多精力都会浪费在细枝末节上，抓不住问题的关键点，导致客户流失，销售业绩也不会获得重大突破。

很多时候，客户提出的异议让人无法接受，好像在故意捉弄你。但是无论他们怎样说，总是会有真实的理由。这就要看你如何通过提问，钓到深海中的"大鱼"了。如果你的话题误入歧途，如果你的提问僵硬封闭，总是让客户陷入思维的死角，又如何能获得客户的真实意图呢？

一家服装店的销售员，看到一位女客户走进了本店，盯着一件上衣看了很长时间，这时销售员走了过来。

客户："这件上衣看起来很不错，多少钱啊？"

销售员："原价是 400 元，打完折之后是 200 元，质量非常好，而且价格便宜。"

> 客户："200元还便宜？这种款式是去年的，又不是新款式，还这么贵。"
>
> 销售员："适合自己的才是最好的。虽然款式有点陈旧，但是穿在您身上特别有气质。这个新款不太适合您。"
>
> 客户："这件旧款式的能不能便宜点，不过我还是喜欢那款新的。"
>
> 销售员："真的很不好意思，不能便宜了。那边也有很多新款式，要不您到那边看看。"
>
> 客户："那些我不想看，我就喜欢这件，不能便宜就算了。"

很明显，客户想买衣服，但是由于销售员没有看懂客户的心中所想，没有识别出客户的真正异议，结果就让客户这样离开了。但是，如果我们换一种方式来询问客户，是不是就可以了解到客户的真实意图了呢？

> 客户："200元还便宜？这种款式是去年流行的，又不是新款式，还这么贵。"
>
> 销售员："适合自己的才是最好的。虽然款式有点陈旧，但是穿在您身上特别有气质。这个新款不太适合您。"
>
> 客户："这件旧款式的能不能便宜点，不过我还是喜欢那款新的。"
>
> 销售员："这个新款的您也喜欢吗？"
>
> 客户："对呀，我就喜欢这种长款的风衣，那个旧款的太短了，我不是很喜欢。"
>
> 此时销售员终于问出了异议的真假，原来并不是价格问题。于是他立刻转变销售思路，这样对客户说："我看您非常喜欢这件长款的，我可以帮您取下来试试，看一下合不合身。"
>
> 客户："好啊。"客户很高兴地接过衣服。
>
> 销售员："不过这件衣服的价格比那件稍微贵一点。"

> 客户："看起来挺合适的，贵一点没有关系。"
>
> 销售员："那好吧，我帮您包起来。"
>
> 客户："好的。谢谢。"

当销售员问出了客户的真实异议之后，才了解到客户真正想要的产品。所以，辨别客户的真假异议是非常重要的。找到客户真正关心的问题，才能正确地采取解决问题的办法。

一位卖高档茶具的销售员，拿着自己的产品，来到一家精品茶馆推销自己的茶具。客户百般回绝，称自己的茶馆不需要这种茶具。我们来看看这位销售员是怎样将产品卖出去的。

> 销售员："您好，这茶馆的生意不错嘛，来来往往这么多人。"
>
> 客户手中端着一套茶具说道："还可以吧，您这边请。"
>
> 销售员随即说道："这套茶具不错啊。"
>
> 客户笑着说："还可以吧，买太贵的也没必要。"
>
> 销售员随即拿出自己的一套茶具说道："您看我这套茶具怎么样，××公司生产的新产品，物美价廉，肯定适合你们用。"
>
> 客户："看起来不错，这一套茶具多少钱啊？"
>
> 销售员："一套800元。这个价格还合理吧？"
>
> 客户："确实不错，但是我们这里不缺茶具了。"
>
> 销售员："你们的茶馆生意不错，可人来人往的，难免有个磕碰的，有备无患啊。"
>
> 客户："但是真的对不起，我们不需要。"
>
> 销售员想了想问道："我们产品的价格、款式，您都比较满意，您还有

什么不满意的地方吗？或是我没有介绍周全的？"

客户："不知道贵公司的产品信誉如何啊？我能看一下质量认证书吗？"

销售员："哦，原来是这个问题啊，我们公司是通过国家认证的大型生产商，这是我们的产品质量认证书。"说着递给了客户。

客户看完之后好像放心了很多，于是说道："那好吧，您留下一套吧，我们先试试看。"

就这样，客户买下了他的茶具。

在不断的询问下，销售员终于知道了客户的真实异议，最终打消了客户心中的疑虑。这就是销售员处理客户异议的高明手段。

在销售中，客户不愿意和你成交肯定有他的原因。销售员要能正确地辨别客户的真假异议，搞清客户异议的真实原因，这样销售工作才能顺利地开展下去。可销售员如何知道客户异议的真假呢？

1. 仔细观察客户的眼神

"眼睛是心灵的窗户"，人们在思考问题时，眼神看起来是迷茫空洞的，因为他在专心地思考，这是很正常的表现。但是，当他回答问题时，如果目不转睛地盯着你，说明他没有撒谎。当他的眼神飘忽不定，那就肯定是心中有鬼了。这时，你就要注意了。

所以，当你在和客户沟通时，你就要多留意客户的眼神。当他表现得很不自然时，他对产品提出的异议就很有可能是假的。

2. 认真倾听客户的声音

人们内心的想法如果和语言不相符时，这种差异不仅表现在行为举止上，甚至在声音方面也会有所不同。

所以，当客户提出的异议是真或是假的时候，表现在声音、语速、语调方面也会有所不同。当客户的语言生硬或是不太流畅时，很有可能就是假的

异议。所以，当你在和客户沟通时，就要特别注意客户的语气和语调。

3.及时询问客户的意见

当客户对产品提出异议后，你可以通过观察、倾听来明确客户的真实异议。如果仍然无法明确客户的真正需求，就要及时向客户提问，不失时机地找到真正的原因。下面就是两种有效的询问方法。

（1）直接询问法

当你通过各种方式对客户的异议仍然无法做出正确的判断时，与其浪费时间，不妨直接向客户提问。例如，"您还有什么其他问题吗？提出来我们帮您解决""您对产品还有什么要求""我还能为您做点什么"等。当你这样向客户提问时，他或许会告诉你真实的原因。

（2）间接提问法

很多时候，客户提出的异议并不是很明确，你很难做出正确的判断。这时，如果直接提问就显得太鲁莽，最好采用间接提问的方式，循循善诱地引导客户说出真实的异议，比如，"我们是不是还有什么考虑不周到的地方"。

4.弄清客户的"言外之意"

实际上，有些反对意见的背后都潜藏着客户渴望了解更多信息的真实意图。下面就是一些这样的例子。

异议：我不觉得这价钱代表着"一分价钱一分货"。

真实意图：除非你能证明你的产品是物有所值。

异议：这尺寸看起来对我不大合适。

真实意图：除非你能证明我穿上大小、长短正合身。

异议：我从未听说过你的公司。

真实意图：我愿意买你的货，但我想知道你的公司是否有信誉、值得信赖。

异议：我正在减少开支，所以我不想买任何新产品。

真实意图：除非你能使我确信你的产品真是我需要的东西，不然我是不会掏钱购买的。

如果销售人员找不出客户提出异议的真正用意，那你就会错过很多本来有可能成交的生意。

请记住：客户异议的真假是通过你的主动提问而判断出来的。善问的销售员，才能快速分辨出客户的真实异议，才能促使客户快速做出成交选择。

巧妙迂回，认同甚至赞美客户的意见

当客户表达意见，包括对产品的异议之后，为了避免客户对你产生反感，即使他的意见没有什么道理，销售员也一定要先"接受"或是"认同"，然后再给客户解释、分析。而如果客户的反对意见能够给你以启发和促进，那么你就不仅要"认同"而且要"赞美"客户了。

> 客户："唉呀！你们的产品是不是假冒的呀？"
>
> "……我对你们公司的印象很差……"
>
> "接受"的回应："是的，我了解您的意思……"
>
> "是的，先生，我能体会您的感受。"
>
> 客户："这个价钱，太贵了。"
>
> 推销员："是的，的确很贵，世界一流的产品哪有不贵的道理呢？"

这样，销售员将客户的反对意见当作回答，让对方意识到看来还真的要购买这件商品。在出现反对意见后，销售员首先认同客户的看法，在客户平息怒气之后，再提出合理适当的解决方案。不仅避免了不必要的争吵，还可以赢得客户的好感。

客户："……我觉得高血压是老年人专有的，我们这个年纪肯定没有……"

"认同"的回应："先生，我很认同您的说法……"

"张先生，我完全同意您的观点，新买的东西无法使用确实令人难以接受。同时我想您知道，如果因为一盘坏了，而把所有录音带退还给我们的话，这会推迟您使用它的时间，我觉得这样做是得不偿失的。您认为是所有录音带全都换了还是换一盘比较好呢？"

客户："……我认为保障额度符不符合实际需求，比选择产品种类更重要……"

"赞美"的回应："唉呀！陈先生，您的想法真是太专业了，我从事保险这么久了，第一次碰到像陈先生这么有保险认知的人，我真的很高兴……"

一位煤气灶的销售员，当向一对姓刘的夫妇推销时，刘先生一开始便拒绝了，他说：

"这个炉面长度太短，电子开关只是唬人的玩意儿，恐怕用不了几天就会失灵，那就危险了，再说喷火嘴也不理想。"

此时，销售员仔细分析刘先生说话的含义，判明他内心的疑点，然后一步步地说服他：

"刘先生，您所提出的问题都是专业性的，您可以说是这方面的专家了啊，真是要向您多多学习啊。是的，任何一个人去花自己辛辛苦苦挣来的钱，都是慎之又慎的，特别是当要购买自己从未用过的新产品时更应仔细审查，如果花好几百块钱买回一堆破铜烂铁，那可是一件令人丧气的事。因此，您方才所提出的问题是非常有道理的。"

"如果我没有领会错的话，您的担心是……（将对方的问题用担心的形式明确表述出来。）除此之外，您还有什么其他的问题吗？"（这句千万千万不可少。）

"由于我们在设计这种新产品前做过市场调查，很多人都表示了与您大致相同的见解，因此我们在设计以及生产制造中，充分考虑了您所提出的各种因素，现在请允许我再占用您几分钟的时间说明一下。"（于是再重点介绍产品，或演示。）

当销售员学会了"接受""认同"与"赞美"的技巧之后，很习惯紧接两个字——"但是"或"可是"，这两个字会在不知不觉中产生很大的杀伤力，这也是客户在你"接受""认同"或"赞美"之后，仍旧拒绝的原因所在。

比如，你在开始赞同对方意见的时候，客户立即想到你接下去的话就要转而说"但是"，他就会觉得你过分地使用技巧，那么推销效果就可想而知。假若推销时运用不当，过分表现出——"对，但是"——这种模式，很可能引起客户的反感，因此，当我们需要使用间接否定处理法的时候，并不是在言语表述中出现明显的"可是""但是"等词语，而是在字里行间含有"但是"的意思。

1. "是啊……最后……"

用"最后"虽然有转折的意思，可是并没有用明显的"但是""不过"这些连接词，这会让客户更加容易接受。

当客户说："这东西价格太贵了！"销售员可在一旁附和道："是啊，刚开始不少客户也是这么认为的。"随后话锋一转，接着解答："最后他们仔细比较分析，认为买它还是比较划算的。"

2. "是的……如果……"

"是的……如果……"，是源自"是的……但是……"的句法，因为"但是"

的字眼在转折时过于强烈，很容易让客户感觉到你说的"是的"并没有多大的诚意。所以，在表达不同意见时，尽量先用"是的……如果……"的句子。

请比较下面的两种句法，感觉一下，是否有天壤之别?

A："您根本没了解我的意见，因为状况是这样的……"

B："平心而论，在一般的状况下，您说的都非常正确，如果状况变成这样，您看我们是不是应该……"

A："您的想法不正确，因为……"

B："您有这样的想法，一点也没错，当我第一次听到时，想法和你完全一样，如果我们做进一步的了解后……"

养成用 B 的方式表达不同的意见，你将受益无穷。

3."是的……只是……"

"是的，陈先生，我能了解您的意思，只是我要补充说明的是……"

"陈先生，我很同意您的说法，我唯一要提醒您的是……"

以实事求是的态度倾听，用婉转迂回的方式沟通，是优秀销售员在面对客户提出异议时经常使用的方法。使用先肯定后否定的迂回战术，销售员既表达了自己的观点，又不伤害与客户之间的关系，销售工作自然能继续开展下去。

以柔克刚，应对异议的太极话术

在销售过程中，我们总是会遇到各种阻碍，或是遇到各种异议。当问题扑面而来的时候，那些不够理智的销售员会直截了当地和客户针锋相对，据理力争。这样的下场只有一个，那就是和客户"say goodbye"。而对于那些有经验的销售员，他们会选择较为理性的方法来对待，即稳定客户的情绪，克己制胜，从而赢得更多的客户。

当反驳客户异议时，我们要尽量避免直接冲突，不要因顶撞客户而致使双方处于僵持甚至争执的状态。

世界顶尖销售大师马里奥·欧霍文曾说："当销售员在处理客户的异议时，直接反驳的话语往往很难令客户接受，并让他们的处境很难堪，甚至让沟通僵持不下。就算真的说服了客户，也会让客户的心里产生阴影。因此当客户反驳时，回应的言辞一定要委婉、含蓄。"

太极的至高境界就是以柔克刚。在销售中，当客户有着"横扫千军"的气势和看似无理的要求时，你能否做到像打太极一样地反驳客户呢？如果你的气势比客户还要强硬，客户反驳一句，你就要回他十句，惹怒了客户，你的成交是否还有指望？

　　一位卖保健仪器的销售员，到客户家里推销产品，看看他是怎样为客户介绍的。

　　销售员："您好，为了您的健康，我们花费几分钟的时间谈一下好吗？"

　　客户："好的，你说吧。"

　　销售员："是这样的，我们公司新开发了一款保健仪器，非常适合中老年人使用，现在刚刚上市，受到很多客户的青睐。它对人的脊柱和各个关节都有按摩保健作用……"

　　客户："不好意思打断一下，这个仪器是你们公司生产的啊？"

　　销售员："对啊，您知道我们公司？那我就不用多说了，您一定了解。"

　　客户："听说过，我还听说你们公司经常出现产品质量问题呢。"

　　销售员："什么？"

　　客户："经常听人说你们公司的产品价格高、性能差。"

　　销售员："您听谁说的，我们公司的产品可是采用了世界上最先进的技术，怎么会出现您说的问题？"

　　客户："没有人会说自己的产品不好的，反正我是不买。"

　　销售员："不可理喻。"

这就是针锋相对的恶果，销售员如此反驳只会给客户火上浇油。但是如果你能像打太极一样，以静制动，以不变应万变，效果就不一样了。

客户："没有人会说自己的产品不好的，反正我是不买。"

销售员："我很理解您的心情，我在购买产品时也常常会遇到这种情况，听到别人对产品的异议，自己也就不想买了。"

此时，销售员言简意赅地把产品的好处迅速为客户介绍了一番，紧接着又说："这个产品呢，您现在对它的性能也已经有了一个大概的了解。只说它好，空口无凭，我让您亲自感受一下，您就知道了。"

客户："感觉是不错啊。"

经过一番劝解，客户同意购买产品。

虽然客户对产品的异议可能只是道听途说，但是如果销售员能以一种宽容的态度，亲切热情地为客户做解释，客户自然就愿意买你的产品。

再看一个例子。一位销售员拿着自己的计划书来到一位公司经理面前，并努力劝说经理为他们的这个项目投资。

销售员："张经理，这是我们的计划书，您可以看一下。"

客户接过去认真地看着。

销售员："我们这个项目是经过公司领导们的长时间商议而定制的，您选择它是不会错的。"

客户："你们的项目我大概浏览了一遍，虽然有值得肯定的地方，但是并没有你说的那么完美吧，现在我就能看出一些漏洞，我不能打没把握的仗。"

销售员："您说的没错，在没了解这份材料之前，谁也不能有把握说这就是一个能赢利的项目，毕竟投资是有风险的。但是这个项目是我们公司高层领导们商议决定的，我相信他们的眼光。同时它也经过了多位专家的修正，他们一致认为这是一个好项目，您不相信我说的话，也不相信他们说的话吗？"

经过一番劝说，客户回心转意，最终同意了投资。

面对客户的异议，如果销售员直接反驳，这笔生意肯定要失败。但是当客户表示拒绝时，这位销售员依然谈吐潇洒，信心十足，有条不紊地解答着客户的疑问，最后让客户做出了成交决定。

客户的异议有真有假，有正确的也有错误的，面对各种异议，销售员要学会选择用不同的方式来对待。尤其对一些错误的异议，销售员更需要慎重考虑，处理不当不但有损产品形象，甚至会让客户远离你。

1. "YES"—"BUT"法

以"YES"的回答来接受客户的意见，接着用"BUT"的方式来陈述反对的意见。例如：

"您刚才说睫毛膏用上去比较干，是的，如果您每次使用之前来回拉动几下的话可以让膏体充分附着在刷上，那样就不会感到干了。"

2. 先发制人法

客户可能要提出某些反对意见时，最好的办法就是自己先把它指出来，然后采取自问自答的方式，主动消除客户的异议。这样不仅会避免客户反对意见的产生，同时，销售人员坦率地指出商品存在的某些不足还能给客户一种诚实、可靠的印象，从而赢得客户的信任。但是，销售人员千万不要给自己下绊脚石，要记住：在主动提出商品不足之处的同时，也要给客户一个合理、圆满的解释。例如：

"您现在可能在考虑压力是否过大了，不必担心，这个安全阀的作用正是防止压力过大的。"

3. 询问法

从客户的反对意见中找出误解的地方,再以询问的方式来征询意见。例如:

一位客户正在观看一把塑料把柄的锯,问道:"为什么这把锯的把柄要用塑料的面而不用金属的呢? 看起来像是为了降低成本。"

销售人员:"我明白您说的意思,但是,改用塑料柄绝不是为了降低成本。您看,这种塑料是很坚硬的,和金属的一样安全可靠。您使用的时候是喜欢既笨重、价格又贵的产品呢,还是喜欢用既轻便、价格又便宜的呢?"

4. 引用比喻法

通过介绍事实或比喻以及使用展示等(如赠阅宣传资料、商品演示),用较生动的方式消除客户的疑虑。例如:

客户说:"一张好好的脸上抹那么多层化妆品,那还不抹坏了呀!"

销售人员回答:"您看,在很多层衣服里面的皮肤,因为衣服阻隔了大部分的阳光照射和空气中的粉尘、污垢,不容易受到伤害,所以就细嫩。但是面部皮肤就不一样了,它会因为经常受到阳光的暴晒导致黑斑的产生,皮脂腺分泌出的油脂沾上了空气中的粉尘和污垢之后,就很容易阻塞毛孔,使皮肤产生黑色素、黄斑、脓包、粉刺和过敏反应等。所以,我们应该给面部皮肤穿上衣服。"

请记住:针锋相对只会造成两败俱伤的后果,如果你能以温柔友善的态度对待客户的异议,即使他是"百炼钢"也会被你变成"绕指柔"。

顺利转化,将异议变为销售卖点

客户的异议,可能是拒绝借口,也可能是客户真正的困难。不管是哪一种,只要你有办法将异议转化成你的销售卖点,就能化危机为转机,进而成为商机。一般说来,客户的任何异议,都可以试着把它转化为你的卖点,其中应用之巧妙如何,就看销售员的体会了。

1. 顺着客户的意见

客户："……我现在已经有好几张信用卡了，我想不用了！"

销售员："是的，陈小姐，我了解您的意思，就是因为您有好几张信用卡，所以我才要特别为您介绍我们这张'××卡'，因为这张'××卡'不管是在信用额度、功能或是便利性上，都可以一张卡顶好几张卡，省去您必须拥有多张卡的麻烦。"

下面也是很好地把客户的异议转换为卖点的例子：

客户："收入少，没有钱买保险。"

销售员："就是收入少，才最需要购买保险，以获得保障。"

客户："我儿子连学校的课本都没兴趣，怎么可能会看课外读本？"

销售员："我们这套读本就是为了激发小朋友的学习兴趣而特别编写的。"

客户："这个金额太大了，不是我马上能支付的。"

销售员："是的，我想大多数的人都和您一样是不容易立刻支付的，如果我们能配合您的收入状况，在您发年终奖金时多支出一些，其余结合您每个月的收入金额，采取分期付款的方式就能让您一点也不费力地付清款项。"

2. 帮助客户解决问题

客户："我的小孩对书籍没什么兴趣，他总是缺乏耐性，看书不到几分钟就跑掉了……"

销售员："是的，太太，我了解您的困难。只是，您有没有想到，就是因为您的小孩有这种现象，所以，您更应该购买我们这套'儿童丛书'啊！"

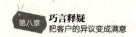

一来您可以要求自己多花时间陪他看书；二来可以借由这套丛书中的一些图片吸引他，慢慢培养他看书的兴趣与耐性，不是吗？我相信您一定不会希望孩子不爱看书吧！"

客户："……我现在还不到30岁，你跟我谈退休金规划的事，很抱歉！我觉得太早了，没兴趣。"

销售员："是的，我了解您的意思。只是我要提醒您的是，准备退休金是需要长时间的累积的，就是因为现在您还年轻，所以您才符合我们这项计划的参加资格。这个计划就是专门为年轻人设计的。请您想一想，如果您的父母现在已经五六十岁了，但是还没有存够退休金的话，您认为他们还有时间准备吗？所以，我们也就无法邀请他们参加了！"

销售员："就是因为您还年轻、拥有足够的时间，所以您可以用平时很有可能被您花掉的小钱存成一笔可观的大钱啊！如果换成年长没有足够时间的人，那么他势必要强迫自己牺牲更多的支出、储存更多的钱才可能达成与您一样的目标。这就是'货币时间价值'的原理。"

那些高明的销售员之所以成功，就在于他们不仅仅能够化解客户的异议，还能在不知不觉中，让客户的异议变成产品的卖点。

步步为营，让客户一直说"是"

每个人都有自己的观点和立场，人们从潜意识里就不愿意被别人说服。当一个人发现有人试图说服他时，他的第一个反应就是表示反对。好像只有对别人说"不"，才能显示自己的存在，才能突出自己的地位和重要性。

在一个人说出"不"字后，为了自己的尊严，他就不得不坚持到底。事后，他或许会觉得自己说出这个"不"字是错误的，可他必须考虑自己的尊严。他所说的每句话，都必须坚持到底。所以，使人在一开始的时候就往正面走是非常重要的。

要想成功进行隐秘说服，在刚开始的时候，就要想办法得到很多"是"的反应。唯有如此，他才能将听者的心理往正面的方向引导。

有一个销售员艾里逊的故事，销售人员可能会从中受到一些启发。

在艾里逊负责的推销区域内，住着一位有钱的大企业家。他们公司很想卖给他一批货物，过去那位销售员几乎花了10年的时间，却始终没有谈成一笔交易。艾里逊接管这一地区后，花了3年时间去兜揽他的生意，也没有什么结果。

经过13次不断的访问和会谈后，对方才只买了几台发动机，可是艾里逊希望——如果这次买卖做成，发动机没有毛病，以后客户会买艾里逊几百台发动机的。

发动机会不会发生故障呢？艾里逊知道这些发动机是不会出现任何故障的。过了些时候，艾里逊去拜访他。那位负责的工程师见到艾里逊就说："艾里逊，我们不能再买你的发动机了。"

艾里逊心头一震，就问："什么原因？难道我们的发动机有什么问题吗？"

那位工程师说："你卖给我们的发动机太热，热得我的手都不能放在上面。"

很显然，他是在找借口，就是不想买他们的发动机。只要有一点常识的人都知道：将手放在正在运行的发动机上，根本就是不可能的。

艾里逊知道如果跟他争辩，是不会有任何好处的，过去就有这样的情形。现在，艾里逊想运用让他说出"是"字的办法。

艾里逊对那位工程师说："史密斯先生，你所说的我完全同意：如果那台发动机发热过高，我希望你就别买了。你所用的发动机，当然不希望它的

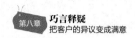

热度超出电工协会所定的标准，是不是？"工程师完全同意，艾里逊获得他的第一个"是"字。

艾里逊又说："电工协会规定，一台标准的发动机，可以较室内温度高出华氏 72 度，是不是？"

工程师说："是的，可是你的发动机却比这温度高。"

艾里逊没和他争辩，只问："工厂温度是多少？"

工程师想了想，说："嗯——大约华氏 75 度。"

艾里逊说："这就是了。工厂温度是华氏 75 度，再加上应有的华氏 72 度，一共是华氏 147 度。如果你把手放在华氏 147 度的物体上，是不是会把手烫伤？"

他还是只能说"是"。

艾里逊向他提出这样一个建议："史密斯先生，你别用手碰发动机，那不就行了！"

他接受了这个建议，说："我想你说得对。"

他们谈了一阵后，他把秘书叫来，为下个月订了差不多三万美元的货物。

可见，争辩并不是一个聪明的办法。充分了解对方的想法，设法让对方回答"是"，才是一种成功的营销办法。

就一个人的心理状态来讲，当他说出"不"字时，在他的心里也潜伏着这个意念，从而使他所有的器官、腺体、神经、肌肉完全集结起来，形成一个"拒绝"的状态。反过来说，当一个人回答"是"的时候，他体内那些器官没有收缩动作的产生，组织处于前进、接受、开放的状态。所以，在一次谈话开始的时候，如果能够诱导对方说出更多的"是"，我们以后的建议或意见就比较容易获得对方的认同。

让客户不停地说"是"，是一种十分有效的手段。它能够使客户在不知不觉中进入你早就计划和安排好的交易之中，从而为你的销售成功增加筹码。

心理学研究发现，如果销售人员能够连续地问客户 6 个问题并且让对方回答 6 个"是"，那么，第 7 个问题或要求提出以后，客户也会很自然地回答"是"。这就是所谓的"6+1"成交法。

在国外，许多公司甚至请心理学家专门设计了一连串让客户回答"是"的问题。

下面是一个典型的实例。

> 销售人员沿街敲门，客户打开了门。
>
> 他的第一个问题就是："请问您是这家的主人吗？"对方一般都会回答"是"。
>
> 第二个问题："先生（女士），我们要在这个社区做一项有关健康的调研，相信您对健康问题也是相当关注的吧？"对方也会回答"是"。
>
> 第三个问题："请问您相信运动和保健对身体健康的价值吗？"大多数人会回答"是"。
>
> 第四个问题："如果我们在您的家里放一台跑步机，让您试试，您能接受吗？当然这是免费的。"因为是"免费"的，一般人不会拒绝。
>
> 第五个问题："请问我可以进来给您介绍一下这台跑步机的使用方法吗？过两个星期，我们会麻烦您在我们的回执单上填上您使用的感觉，我们是想做一下调查，看看我们公司的跑步机使用起来方不方便。"
>
> 在这种情况下，几乎所有的客户都不会拒绝销售人员进门推销他的产品。
>
> 接下来，销售人员会接着问专家们已经设计好的问题，而客户做的只是不停地点头。到最后，很多客户会心甘情愿地花上几千元钱买一台跑步机。

这就是利用了"6+1"成交法。在这样的模式下，销售人员可以顺利地开始介绍产品，并且成功地赢得客户。"6+1"成交法是一种非常简单而又实用的销售技巧。再看看下面一个案例。

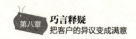
销售员:"请问一下,您是否认同高效的生产是获得利润的最主要因素?"

客户:"当然了,生产效率提高了,利润自然也就上去了。"

销售员:"考虑到目前的市场情况,您是否认为技术改革会有利于生产出符合市场需求的畅销产品?"

客户:"可以这么说。"

销售员:"以前你们的技术更新对产品的生产有帮助吗?"

客户:"当然有帮助。"

销售员:"如果再引进新的机器,可以把你们的产品做得更细更好,是否有利于提高贵公司的竞争力呢?"

客户:"那是肯定的。"

销售员:"您确实是一个具有前瞻性的人,我刚才已经向您展示了我们的产品。如果您能按照我们的方法进行试验,并且对试验结果满意,您愿意为厂里添置一些这样的机器吗?"

客户:"当然可以,但你们的价钱必须合理才行。"

销售员:"这是我们的价目表,您看还行吗?"

客户:"嗯,这倒可以考虑一下。"

销售员:"那我再给您介绍一下产品的特点吧!"

客户:"可以。"

销售员:"请问您主要看中产品的什么方面?"

……

就这样,销售员把话题首先集中在生产效率上,运用一个又一个问题让客户给予肯定的回答,让客户认可他的产品的优点,并且使客户对其价钱方面也认可,最终就很有可能成交。

请记住:引导客户说"是"并不难,难的是,你是否能找到合适的方法。方法千变万化,但是万变不离其宗,抓住客户的心理,就容易让客户开口了。

第九章

起死回生
妙言巧语应对拒绝

◎我完全理解，张经理，对于一件听起来乏味的事情您当然不可能立刻产生兴趣，有疑虑、有问题是合情合理的，让我为您先简单解说一下产品的好处吧。

◎看您工作这么繁忙，打扰您还真是不好意思呢。这样吧！就5分钟，请您抽出5分钟听我说几句话，好不好？

◎没关系，我看您真是很喜欢它，关键是它特别适合您，如果您喜欢的话就买下来吧，我们的产品可以采取分期付款，可以帮助您解决这个问题。

◎王小姐，看起来您朋友对彩电也是很内行的，怪不得您带他一起来选购，请问这位先生，您觉得哪个款型更适合王小姐呢？我们可以交换一下看法，帮王小姐选到最适合她的好产品。

◎是的，您说的没错，有时候我们会觉得有些东西买不买对生活没有什么影响。但不买吧，往往过了一段时间要用了，却又很难找到原来喜欢的商品，您应该也有过这样的经历吧？

◎不好意思，小姐，我们没能提供让您满意的商品。不过，我们今天刚进了一批新货还没来得及上架，您可以把您想要的款式跟我描述一下，我帮您找找看有没有能够符合您要求的产品。

◎是的，小姐，也有很多老顾客说过和您同样的话，在试穿之前她们都认为自己并不适合这种风格，但是当她们试穿之后却全都改变了这种想法。

◎您是我公司的老客户了，为了不使您在价格上遭受不必要的损失，我建议，最好现在就将价格条款确定下来，以免年底涨价时您吃亏。

◎您不喜欢跟朋友用一样的东西，这我可以理解。你放心，我们最近这个系列的产品又出了三个新款，比原来那款更加时尚。您请稍等，我拿出来给您看，相信您肯定会更喜欢的。

见招拆招，应对"考虑考虑"的拒绝理由

销售员在提议成交之后，一定会有客户做出拖延购买的决定，他们肯定会常常说出"我要考虑考虑""我们不会骤下决定""让我想一想"诸如此类的话。要知道这些话只是一个借口，不是真正的拒绝理由。销售员只要找出真正的拒绝理由，并有创意地加以解决，就有推销成功的可能。

小兆是一家房地产公司的销售员，这家房地产公司除了在报纸上刊登广告销售房子外，也经常上门销售。

客户经常会以这样的话来拒绝：

> "我要再考虑考虑。"

客户之所以会这样推辞，是因为他有如下的想法：

> "当然！能有个完完全全属于自己的家是再好不过了。只可惜手头太紧。"
>
> "最好还是等存够了钱再买。"

> "用分期付款的方式，第一笔款子付了之后，以后就比较轻松了。"
>
> "我要考虑一下，说不定我买的时候，房地产的价格还会下跌呢！"

小兆深深了解客户的心理，自然也有他的一套对策。

首先他会把向金融机构贷款的方法，及资金周转的方法等资料提供给客户做参考，并把房价上涨预测的资料和其他有关资料提供给客户。然后，他会告诉对方：

> "您的想法我十分了解，的确，只有少部分经济宽裕的人才能说买就买。……但是，以我过去的经验来看，买房子只等存钱是不行的，要从资金周转和付款方式上想法子才行。您请看看这些图表……"

他拿出的图表有经济增长率的预测、房价上涨的预测、工资上涨的预测和物价上涨的预测。

> "从这些图表，您可以看出存钱的速度无论如何是赶不上物价、房价等的上涨速度的。所以，您的考虑是多余的，要买就越早越好……所以说，您这样子存钱，其结果是，您所想要的东西，不但不会离您近些，反而会离您越来越远。"

说"不急"的客户，事实上，其主要问题仅在于他是否有决心要买。只要有决心，自然有办法买。当客户这么推辞，那销售员就采取"见招拆招"的方法，"兵来将挡，水来土掩"。

1. 找出问题关键

俗话说："趁热打铁。"做推销也是一样的道理。假定客户说"我考虑看看"

这样的话，销售员应该在此反对意见刚萌生之际，立即动手，一定要将对方的话头打住，否则待其滋长下去，购买欲越来越淡，生意就做不成了。这时你可以说：

> "实在对不起。"
>
> "有什么对不起呀？"
>
> "请原谅我不大会讲话，一定是使您有不明了的地方，不然您就不至于说'让我考虑一下了'。可不可以把您所考虑的事情跟我说一说，让我知道一下好吗？"

这样，既显得认真、诚恳，又可以把话头接下去，使客户愿意看看样品、产品演示。

推销员也可以直接跟客户说：

> "您先不要这么想，您先看看这个样品，看看再说吧。本产品的特别之处就是……"

这也是在进一步激发客户的购买欲，一步一步引导客户购买。可能客户从你提供的资料介绍中迅速抓住了一些关键疑点，正是这些疑点，使客户下不了决心。这时销售员就应该站在客户的立场，从他的利益出发，同客户一道来考虑解决问题的办法。

比如说，销售员可以用暗示性的方法跟客户讲：

> "这是一个很重要的同题，我们一道来研究好不好？"
>
> 或说："的确，正如您所看到的，这就是最重要的地方，而这也恰恰是

我要向您推荐这个产品的独特之处。以前使用的减肥食品都需要配合节食，使人难以忍受，但这种营养素却在您实行健美计划的同时，随心所欲，且不会产生副作用……"

此外，还可以说："对不起，我知道您很忙，可是我没办法每天都来呀。我想您所担心的也许是交付问题吧！若不妨碍您的话，我们还是仔细谈一谈吧！"

2. 紧追不放

在许多情况下，有些客户想要等一下，要求你下次再来时，你又会怎么办呢？紧追不放，要直接对客户说：

"××先生，请您好好考虑吧。我将在这儿等候您考虑后的决定。"

并且提醒他，自己必须留在那儿回答他所有问题，直到他做出决定。

"××先生，您是否喜欢我为您设计的这份寿险计划？"等待对方表示喜欢后，就可以继续说："如果您喜欢这计划，那么现在就有责任由我来帮您填妥投保书，并使这计划生效。如果您说不喜欢这计划，那我就马上回去，不再打扰您。如果您确实喜欢这份计划，我就必须留在此地等候您签约。"

3. 巧用问句促使购买

一位销售员将一台新复印机推荐给客户。客户很有兴趣，但是他说要考虑一下。

> "好极了！想考虑一下就表示您有兴趣，对不对呢？我知道您是建筑业的行家，不过呢，在复印机方面我可是行家。现在，您最想知道的一件事是什么？"（在这个关头，你开始要知道真正的反对理由是什么了。）

销售员要询问客户"想再考虑一下"的缘由，然后进行针对性的解决，促使客户购买。可以说：

> "先生，很明显，您说您要考虑一下，表明您对我们的产品真的有兴趣，对吗？"

说完这句话后，你一定要记得给你的客户留下时间做出反应，因为他们做出的反应通常都会为你的下一句话起很大的引导作用。

客户通常都会说：

> "你说得对，我们确实有兴趣，我们会考虑一下的。"

接下来，你应该确认他们真的会考虑：

> "先生，既然您真的有兴趣，那么我可以假设您会很认真地考虑我们的产品，对吗？"（注意："考虑"二字一定要慢慢地说出来，并且要以强调的语气说出。）

然后你可以举很多的例子，因为这样能让你分析出提供给他们的好处。最后，你问：

"先生，有没有可能是钱的问题呢？"

如果对方确定真的是钱的问题之后，就已经打破了"我会考虑一下"定律。而此时如果你能处理得很好，就能把生意做成。询问客户除了金钱之外，是否还有其他事情不好确定。在进入下一步交易步骤之前，确定你真的遇到了最后一道关卡。

但如果客户不确定是否真的要买，那就不要急着在金钱的问题上去结束这次的交易，即使这对客户来说是一个明智的金钱决定。如果他们不想买，他们怎么会在乎它值多少钱呢？

请记住：你要尽量避免把最后的决定交给客户独自完成，特别是你还不清楚他要考虑什么的时候。

突出品质，应对"货比三家"的拒绝理由

当销售人员刚刚向客户将产品的每项优点都解释清楚之后，客户却说："我想到别家再看看。"这实在是很令人气馁的事。不过在面对这种情况时，优秀的销售人员会利用各种技巧，转变客户的看法，当场完成推销。

1. 强调产品的品质

当客户说出"我想到别家再看看"这句话时，销售人员首先要分辨出他想到别家看的究竟是什么，是价格，是质量，还是服务，只有在弄清楚这一点后才能对症下药。

如果客户是出于价格的因素，就可以这样对他说：

> "先生，每个人都希望买到物美价廉的商品，您到别的公司去看，他们的价格可能真的比我们的价格低。但是我可以打包票地说，绝没有第二家能以这个优惠的价格来给您提供这么高质量的商品和优良的售后服务了。"

在说完这句话后，最好要给客户留下足够的反应时间。因为你所说的都是实话，客户几乎没有办法来反驳这个事实。那么接下来，你就可以这样对客户说：

> "先生，您不认为以这个价格来购买我们的产品和服务，是一种很划算的交易吗？"

因为你的产品的品质和服务确实符合这样的价格，所以你的客户如果不是故意刁难，应该不会做出否定的回答。然后，你可以继续问：

> "先生，购买商品时肯定要考虑价格，但它并不是首要的，有时多花些钱来获得真正想要的优质产品，绝对是值得的，您说是吗？就像有些公司的采购人员只是致力于从供应商那里尽量获得最低的价格，而并不考虑产品本身的质量和以后的服务。我们知道，有时低价位产品产生的问题往往比它能够解决的问题还要多。而那些资深的采购人员，更愿意获得最高品质的产品，而不是那些低价位的产品。先生，我想您肯定不会为了贪图那一点便宜，而不顾产品质量的好坏和服务的优良与否吧？您肯定会为了您的长期利益着想，对吗？"

2.对客户的要求表示理解

例如，某客户需要买一台笔记本电脑，以便生意上的沟通能够更方便、更快捷。他跟销售人员通了电话，听了介绍后，他说想再到别家问问。在这种情况下，就应该设法让客户说出他真正反对的理由，销售人员可以用下面的办法：

> 销售人员："先生，跟您一模一样，很多客户在购买我们的笔记本电脑之前，都想再到别家比较比较。我肯定您也一样想以手头现有的钱买到最好的笔记本电脑，以及最好的售后服务，对吗？"
>
> 客户："那是肯定的啦。"
>
> 销售人员："您可不可以告诉我，您想看些什么或者比较些什么呢？"
>
> 客户："……"（这时他说的第一句和第二句话，应该都是真正的反对理由——除非他只是想摆脱你。）
>
> 销售人员："在您跟别家公司做完这些方面（一个个说出来）的比较之后，发现我们的最好，我想您一定会回来跟我购买的，对吗，先生？"（好了，这会儿是让客户说出打算的时候了。）

3. 不妨摆出一种高姿态

> 客户："不好意思，我只是想试一下，我想到别家再看看。"
>
> 销售人员："既然您对这种商品的效用有点疑虑，那么我现在就给您比出效果来。您看，这是 50 元的，我们现在来跟这 100 元的比一下（做演示）。您看这效果是明显不一样的。如果您还是不相信的话，也可以再到别家问问，反正我的商品不怕试，也不怕比。即使您到别家去，也是还会再来的。"

在这里，销售人员就是向客户摆出一种高姿态：我们公司的东西不论是质量，还是价钱方面都是最棒的，您随便到哪家问，哪家比，都是还会回来购买的。在实际的推销中，这种方法是比较有效的，客户一听销售人员这样说，很可能就不会再犹豫了。

分析利害，应对"以后再说"的拒绝理由

"6个月后再来找我"，或者任何语意不明的"过些时候再来找我"的真正意思并不真的是叫你6个月后再来，这只是比较有礼貌的拒绝方式。但销售员仍需探询客户的心意并找出客户真正的拒绝原因：

（1）客户不喜欢你或是你代表的公司。

（2）客户认为你的产品没什么大的价值。

（3）客户不满意产品的售后服务。

（4）客户认为你的产品价格太高。

（5）客户没有决定权。

（6）客户没有购买能力。

如果这些就是客户拒绝的理由，销售员应该做以下这些事情：

1. 晓之以理

告诉他6个月之间会发生很多意想不到的事情，6个月后会有很多变化，现在购买才是明智之举。

有一位寿险销售员为一位医生设计了一份十分完善的寿险计划。医生很喜欢它，但是他说还得考虑一下。在面谈结束时，他对销售员说：

> "在6个月后就是我的生日，那时候我一定会买。因此，在这6个月内，让我好好想一想。"

此时夜已深了，这时医生恰好接到一通电话，必须外出去看病人。

寿险销售员凝视着他，说道：

> "您说您有6个月的时间，我认为您连6分钟的时间都没有。刚才您接了电话而需外出看病，也许是您最后的一次；您是个大夫，您所经历的情况，应该比许多其他的人更清楚才对。"

就这样，该销售员很快地促成了这份交易。

有的客户也许会说："现在我没有现金，无法购买。过几个月你再来吧。"

你可以这样回答他：

> "我并不是请您马上就买下，同时我也不急着要现金，只希望您能暂时试试这个产品，只要您付少许的订金，余下的钱可以办理分期付款。"

2. 分析优劣

一次，销售员小张去见一位客户，该客户曾与他们的公司做过一次生意，是一个非常谨慎的人，在与小张的交谈中，他总是犹豫不决，认为现在购买还为时尚早。

> "我们公司暂时还不需要，过几个月再看看吧。"
>
> 小张对客户说：
>
> "贵方是我公司的老客户了，因此，对于贵方的利益，我们理当给予优惠照顾。现在我们已获悉，在年底之前，我公司经营的这类设备要涨价。为了不使老朋友在价格上遭受不必要的损失，我建议：假如你们打算订购这批货，要求在半年到一年内交货，就可以趁目前价格尚未上涨之时，在订货合同上将价格条款确定下来，那么这份合同就有价格保值的作用。不知贵方意下如何？"

见到客户犹豫不决，小张又补充道，如若此事早日定下来，对于买方妥善安排投产、确保准时交货是有利的。

客户仍有些踌躇不定。"你们可以随时撤销合同，当然必须提前 3 个月通知我方，以便对供货另作安排。"小张又加上一道保险。

此时客户还能说什么呢？赶紧同意签订合同了。

在这里，小张就是让客户明白，如果现在购买，6 个月后他可以省下很多成本，并且分析拖延的代价——拖延的成本比现在购买还高，总之让客户知道现在购买的优势，远胜于等待的无形支出。

展示优势，应对"我已有供货商"的拒绝理由

当客户说"我已有供货商"时，虽然这句话表明了客户对目前的供货商提供的各项服务很满意，但并不代表他会一直满意下去。但是如果销售员能让客户继续说下去的话，其实也很容易找到突破口。销售员可以给客户先派送样品或尝试性的订单，向客户展示能证明你的产品的价值的东西。

1. 具体问题具体对待

就像面对其他类似的拒绝理由一样，销售员应该分析客户拒绝的真实原因是什么，然后再想办法去解决这一难题。首先，销售员需要了解客户的供货商为什么令客户那么满意，这对下一步应对策略很有帮助。

常见的原因是供货商给客户的商品不仅在质量上让客户满意，并且服务周到，如供货商有库存，可以随时送货并且价格也比较合理。还有就是由于客户与供货商已经合作多年，有了特殊的生意关系和更深的个人关系。

销售员在了解了这些原因之后就应该采取以下步骤了：

（1）取得现任供货商的资料

"您最喜欢目前这家供货商的哪一点？"

"您最满意他们什么地方？"

"有没有您想改变的事情？"

"我们最近引进了新科技，远超过你们现有的设备，如果您能给个机会，我很乐意示范给你们看。"

（2）专业地回答

"先生，当我们对供货商很满意的时候，我们还是需要另外一家供货商当作参考，以确保自己真正得到最好的价格、最好的商品与价值。"

（3）询问他选择的过程

"您用什么标准来衡量你的供货商？"

提出跟标准有关的问题，可以让客户想想未来的表现，而不仅限于眼前。

如果你有机会提供资料，一定得以一流手法借机表现一番，强调你与目前的客户都有长期的关系，并表明你希望能够取得和这个现任供货商相同的机会。可以建议先提供样品或者让客户试用你的服务，或是下一个少量的订单，让可靠的产品和优质的服务来证明自己。

2.展示自己更加优秀的方面

"王经理，您好，我是××报的小周，星期三早上我到您公司拜访过，咱们说好今天把广告定下来，您打算做 1/3 版还是 1/4 版？"

"我们一直都在 ×× 报纸上刊登广告，我们还是比较满意目前的这家报纸，不瞒你说，你们这个版面收费太高。"

"王经理，您是知道的，我们这个版面费是标准版面费，同行业都是这个标准，而且我们报纸的发行量也是屈指可数的。您在其他小报上做几个广告合起来的发行量还不如我们一家报社，费用却高多了，您说是吧？"

"嗯，这……"

"您就别犹豫了，您看是做 1/3 版还是 1/4 版？"

（客户沉默了 10 秒后）

"王经理，您是知道的，目前有很多客户都想做这个头版，您要是再迟疑的话，就错过后天的版面了。今天是最后一天的小样定稿，您看我现在过去到您那里拿材料，还是……您要是忙的话就交给刘秘书，我过去取，晚上我就给您送小样过去。"

"那好吧，我先看看。"

3. 增加客户的效益

客户都是以自己的利益最大化为前提的，而如果你能向你的客户详细展示自己的产品能够给他带来什么样的变化和收益，那么客户肯定会心动的。

客户："我们有自己的加工车间，会做这些产品，所以不需要进你的现成产品。"

销售员："我们的这种产品是大规模工业化生产的，价格不高，使用方便，又能提高员工的工作效率，而且还可以节约成本。我相信，用了我们的产品只能更好地促进你们的生意，消费者有更多的选择余地了，你的生意一定会越来越红火。"

在这里，他们的供应商就是他们自己，他们有技术工人会做。但此时你也不必担心，你同样要分析供应商哪些方面没有你们做得好。这里销售员在通过和老板的谈话知道他们是手工制作，在效率和质量上肯定不尽如人意，而且还要考虑价格方面的原因，于是销售员就从这些方面入手，向老板展示自己的优势和它们所能够带来的效益。

创造时间，应对"没有时间"的拒绝理由

都说时间就是金钱，在销售过程中更是如此，很多时候可能客户并不对你的产品拒绝得如此决绝，原因是他没有足够的时间了解你的产品，大好的商机就在短短一句"我没时间"中溜走。

所谓"创造时间"就是在一开始的谈话中运用各种方法尽量争取尽可能多的时间，把时间作为把握商机的资本，在足够长的时间内让客户了解产品，包括各种优点和特色以及可能存在的缺点，给客户树立一种亲切感和熟悉感后达到签约的目的。

在面对客户的"没有时间"问题时，有的销售员会随口说出"你没有时间？好的，那等你有时间我们再联络"。这实际上也就是给自己打退堂鼓。这种情况下销售员如果过于保守不敢进攻，或是过于客气变得退缩，销售就很难有好的进展。

一般而言，如果客户以没有时间为由来拒绝，若不是客户的借口，就是他在撒谎。所以，你要迅速而准确地看出究竟是"真忙"还是"假忙"，进而创造时间与客户谈。如果对方是"真忙"，这里有两种较为适宜的应对方法：

（1）"约定时间"洽谈："我看您这样忙碌，打扰您还真是不好意思呢。就这样吧！五分钟，请您抽出五分钟听我说几句话，好不好？说完我立即就走。"真正忙碌的客户，如果你事先和他约好"五分钟"，他也可能愿意抽出这五分

钟时间听你说明。否则，"这个人不晓得要跟我啰唆多久"的心理，将使得他踌躇不前。

（2）适时离开：当客户推辞的时候，宁可先说："打扰您真抱歉，那我就改天再拜访了。"而不要等客户说"我说不要就是不要"之后才离开。重要的是，你已经说过"改天再来"，这不仅告诉你自己，更告诉了对方："不久之后，我会再次登门拜访的。"同时，千万要记住，离开时的态度要好，不可令对方感到厌恶。

当然，事实上销售员们很快会发现"假忙"的概率远高于"真忙"，所以，需要我们灵活运用大脑再加上灵活的舌头，要有耐心，细心说服对方，争取各种机会，必要的时候可以退一步，要求先寄资料再联系。实在不行，可以找别的部门，找别的人谈谈。销售人员要有较强的心理承受能力，不能因为对方的态度而气馁。

比如看下面一些关于时间的拒绝借口以及应对语言，希望能给销售员带来一些感悟。

（1）最近业务很忙，没空，过段时间再谈。

应对形式：××总经理，恭喜您，业绩这么好。同时，业绩好时，许多公司都会乘胜追击。有很多公司业务很忙，当我们去演讲后，更是如虎添翼。我想××总经理，您一定希望您的业绩比现在成长更快，您说是不是？所以××总经理，这个能让您公司如虎添翼的事情您看是现在安排还是……

（2）没时间。

应对形式：××总经理，您没时间，一定是在忙着提升公司业绩吧？公司越是忙的时候，我们越不能让忙碌变成盲目，我们必须忙得很有效率，您说是不是？假如让我们的讲师用三四十分钟来分享如何提升业绩，就让你们忙得更有效率。您说这样好不好？

（3）过一段时间再安排。

应对形式：××总经理，我们现在提前计划一下我们的时间吧，毕竟没有计划就是计划的失败，而我们都不想这样，您说是吗？或者说：×× 总经理，您觉得一个人要改变，需要听 50 天演讲，还是只要听懂一个观念，却很彻底地去执行呢？好的东西只要去用可能就会立即见效，您说是吗？

在无数的话语还不能激起客户的兴趣时，我们还可以采用较为独特的方式，来一招险棋，让对方在一脸的惊愕中无意间给你创造时间，比如看下面一个销售员介绍的实例：

> 有一次，我去拜访准客户虞小姐。虞小姐平时工作比较忙碌，交谈的时间不是太多，我见到她时她也同样说了一句："我很忙，没时间。"我灵机一动，我决定用一个特殊方法来简单阐明保险的意义与功能。
>
> 我拿出一只乒乓球往地上一扔，接住它后对虞小姐说："如果这是一只鸡蛋的话，会发生什么结果？"
>
> "那肯定会摔个稀烂。"虞小姐停下脚步回答说。
>
> "其实没有买过保险的人就像只鸡蛋，一旦遇到风险就一发而不可收拾。但如果买了保险，就会像这只乒乓球，即使发生了风险，也有反弹的机会和本钱啊！"
>
> 虞小姐听后，默默地点了点头，她认同了。

这便是用险招实现引起客户注意的方法，在其停留时再具体阐明自己的意图，这也是争取时间所用的一种独特方式，形式新颖，令人耳目一新。

当然，还应注意的是，在不能争取到时间时，我们也不可丧气，而应想办法在最短的时间内吸引住客户，使客户更好、更快地了解公司概况及其商品。也就是说，在向客户介绍商品时，做到短、平、快。

短、平、快是什么意思呢？就是用最短的时间、最快的速度、平和的语气简单明了地介绍产品。因平时客户都在忙于工作，所以不能耽误客户太多的时间，需要特别注意的是，在讲述商品时，切忌语速太快，以免客户听不

清楚，只有客户听清楚了，才有可能成交。简单化、具体化、数据化是赢得客户的法宝之一。所谓简单化，就是指在介绍商品时尽可能地简单易懂、条理清晰；所谓具体化，就是指在讲解时，要多使用实际例子；所谓数据化，就是指要利用数字会说话的特点，使表达效果远优于平铺直叙。

　　"时间就是金钱"，"时间创造无限商机"，这是颠扑不破的真理。销售的路不可能一帆风顺，在种种的困难面前我们也不应迷惘，而应在最快的时间内找到问题的真正解决方法。针对客户的种种刁难和不耐烦，请开动我们的大脑，争取用更多的时间解开这些疑惑和矛盾，让时间成为我们的资本。

第十章 讨价还价

好价格是谈出来的

◎您也知道"一分钱一分货",东西好,价格就高,您先看一下我们产品的质量。

◎是的,女士,我了解您说的这种情况。据我所知B超市的这款产品现在正在进行特价促销,这也是他们的售价这么低的原因。现在我们也有同类的其他品牌的产品正在做买赠促销活动,非常划算,您可以看看。

◎这款产品和您刚才看的那款产品最大的区别就在于存储容量的不同,其他功能都是一样的,但是价格不足刚才那款的一半,性价比非常高。您觉得可以吗?

◎像这类产品,一般品牌只提供一年的免费质保,而这款产品的保修期长达五年,选择它,您完全没有后顾之忧。

◎您想,他们降价降得这么厉害,是不是有什么特殊的原因呢?毕竟买电器最重要的还是产品的质量,如果买回去没多久就坏了,或是坏了以后找不到人维修,那实在是一件让人非常痛苦的事。

◎因为我们的产品在质量上从不打折扣,所以也很难在价格上打折扣。不让次品上市,不以价廉取胜,这是我们一直以来坚持的原则。

◎您看,这个显示器给您算……(价格)这个主板给您算……(价格)这个硬盘才给您算……(价格)您再看……(其他电脑组件的价格)而这对音箱又是免费赠送给您的,每一组件给您的都是最低价,性价比全场最高,您算算看。

◎其实选购产品的关键还是看这款产品是否适合您,您是否真的喜欢它。如果因为便宜而购买一件自己不喜欢的产品,买回去之后又总出故障,那才不划算呢,您说对吗?

◎这台吸油烟机至少保您用10年没问题。这样算算,每年才200元,每月需要不到20元,每天只需要6角多。您说值不值?

◎这款产品的价格看似不低,但它同时具有××和××的功能,等于您用一件产品的钱买了两件产品。

适时报价，选择合理的报价时机

在销售中，客户最为关心的问题就是价格。如何报价，就成了决定我们销售成败的关键。

如果你冒失地在还没谈妥细节前就提前报价，很有可能给客户带来心理压力，降低客户的购买热情；而如果你没有发现客户的成交信号，贻误了报价的最佳时机，也会失去成交的机会。所以，作为销售员，要学会适时地报出合适的产品价格，才能让生意顺利成交。

请看下面一位销售新人是如何为他的产品报价的。

销售员："我们的产品是采用特殊材料，经过高新技术加工而成的，每平方米50元。"

客户："50元，是不是有点贵了？能不能便宜一点，40元怎么样？"

销售员："不能再降了，已经很低了。"

客户："怎么不能降啊？难道一点缓和的余地都没有吗？"

销售员："不行，现在真的是最低价格了，再降连成本都没办法收回来。"

客户："那算了，我不要了。"

因为价格没有回旋的余地，这位"无辜"的销售新人惹恼了客户。如果换成是经验老到的销售员，还是这个价格，说不定就可以顺利成交。

> 销售员："我们的产品每平方米60元。"
>
> 客户："太贵了，便宜一点吧。"
>
> 销售员："我们的价格确实已经很低了，那您觉得什么价位合适呢？"
>
> 客户："能不能再便宜10元。"
>
> 销售员："这样吧，咱们折中一下，都让一步，55元。"
>
> 客户："5元太少了，便宜10元我就要了。"
>
> 销售员："那好吧，我们就照顾您一下。希望我们还会有更多的合作机会。"

还是50元，既让客户觉得他是胜利者，又为以后的长期合作打下了基础，一举两得。

> 某电子公司的销售员，向一位大客户销售高新电子设备。寒暄之后，销售员开始向客户介绍产品的各项性能。
>
> 客户："这产品看起来造型美观，很有艺术感，不知道性能怎么样啊？"
>
> 销售员："我要是说性能好，空口无凭，您肯定不信。明天有时间吗？亲眼看一下，亲自试一下，您就知道了。"
>
> 客户："好吧。"
>
> 第二天，客户来到销售员的公司，对产品的性能非常满意。
>
> 销售员不失时机地说道："我们的产品在上市之前就已经经过了很多项实验，并通过了国际质量体系认证，有任何质量问题我们都会派专业人士上门维修。"
>
> "嗯，不错。"客户的购买意向已经很明显了。

"您也知道'一分钱一分货',这是我们的报价单,您看一下。"

客户看完之后,和销售员经过了一番交涉,最终订下了这款产品。

销售员在向客户报价之前,为他介绍了很多关于产品性能方面的信息,让他的需求心理获得了满足,为最后的成功交易做好了铺垫。

报价是个技术活儿,销售员需要多学习,多摸索,多总结。

1. 在报价之前,搞清客户的身份

在销售中,我们会遇到各种各样的客户,不同的客户拥有不同的心态,也会有不同的购买心理。因此我们在报价之前,首先要了解客户是属于哪一类的,然后才能决定如何为客户报价。

(1)购买动机不明确的客户

此类客户大多对产品不太了解。对于这样的客户,销售员不能一开始就报价,而是要先对他们进行产品宣传,让他们对产品的各项性能了解之后,并有了购买意向时,再为他们报出价格。

(2)有意向购买产品的客户

这类客户大多在购买之前已经对产品有了一定的了解,并有了明确的购买目标和方向。如果他问你价格,你报出的价格比真实的稍高一点也没关系。

(3)业内的客户

这类客户对产品和行情相当熟悉,所以没必要向他们多介绍什么。在他们问价时,直接报实价就可以了。

2. 报价的"黄金时机"

选择一个最佳的报价时机,对于销售员来说是非常重要的,我们通常称这个时机为"黄金时机"。在"黄金时机"报价,通常会取得很大的成功。那么,什么样的时机才算是"黄金时机"呢?

已向客户进行过产品宣传之时。

确定客户对产品有了透彻的认识之时。

客户对产品产生了购买欲望之时。

请记住：把握恰当的报价时机，也就获得了成交的机会，找准客户的心理价位，就能锁定这单生意。

多谈品质，优质的产品不便宜

人人都知道，天下没有免费的午餐，一分钱一分货。但是，人们往往希望买到价廉物美的商品。在这种心理的驱动下，客户总嫌价高，总图便宜。这时候，就需要销售人员适时进行提醒。

很多时候会出现这样的情况，两家产品差不多，但价钱不一样。在这样的情况下，客户肯定会问销售人员原因的。

"那家产品和你们差不多，但价钱比你们的便宜多了。"

你应该如何回答呢？

其实，在相似品牌的产品之间进行比较，客户考虑更多的并不是那几十元的差价，而是多付出的钱是否值得。只要商品的品质好，相当多的客户还是愿意多花一点钱的。所以，销售人员在听到客户说其他品牌的同类产品价格比较低的时候，千万不要丧失信心。要知道，产品的比较并不单单是价格的比较，更重要的是品质与服务的比较。关键是如何找到自己产品的优点，并让客户相信和接受。

"是的，这两个品牌确实在风格和款式上比较接近，很多客户也提到过这个问题。但是，经过比较，大部分客户还是会选择我们的产品。要知道，

一分钱一分货，贵肯定有贵的道理，您可以自己来感受一下，它的……（把自己品牌的卖点说出来）"

其实，在客户用你的产品与其他产品做比较的时候，也是销售员展示专业说服力的时候，一旦把握得当，客户就很容易被你说服。

销售员在回答客户疑问的时候，首先可以感谢客户的善意提醒，将客户拉拢为自己人，简单地告诉客户自己的产品与其他产品的差异。其次，引导客户感受一下自己的产品。以下的回答可以作为参考。

"谢谢您给我们的提醒。是的，现在市场上很多厂家都在模仿我们这种款。但是，您只要仔细观察一下，还是可以看出差别的，比方说……您再看看这里……是不是不一样？东西虽然贵一点，但时间用得长久一些，不是更划算吗？"

客户都喜欢价廉物美的商品，对于打折的商品格外青睐。

其实，销售员都非常清楚，过季打折的商品往往货品不全，由于存放时间长，款式往往也不够时尚。销售员将这些问题向客户说明白，可以促使客户做出购买行为。如果客户确实想购买打折产品，销售员也要认同客户的消费观念，然后请求客户留下电话，以便到打折的时候通知他。

总喜欢以最低的价钱买到最好的产品，这是人之常情。但是，客户的很多购买行为是随机的行为。所以，销售员不要等着客户自己做决定，而是要帮助客户做决定。

面对以上问题，销售员可以尝试这样应对：

> "很多顾客都非常关心这个问题，但好的商品一般是不会打折的，不是吗？一般来说，只有商品积压过多的时候才会打折。所以，具体什么时候打折是不一定的。我们的产品比较受欢迎，很少出现打折现象。要知道，好东西是不等人的啊！如果您觉得这个产品很适合您，我建议您现在买下来，以免造成遗憾，您说是吗？"

顺承其意，顺着客户的思路说服

眼看即将成交，但是客户对价钱还是有些异议，这个时候与客户的交谈非常重要，如果言谈不得体，可能会让即将成功的交易泡汤。如果能摸透客户的心思，可能很快就能促成交易。

"你觉得多少钱合适？"这很显然是销售人员自己主动进入讨价还价阶段，让客户掌握主动，自己处于被动地位。

"这就不贵了，还有更贵的呢！"这样的话无疑是暗示客户见识少，这么点钱就觉得贵，有点瞧不起客户的意思，会伤害客户的自尊心。

"好东西的价格肯定高啊。"这是反驳客户的说法，这样的说法很不可取，会让客户觉得没面子。

如果经过观察判断，觉得客户购买的可能性很大，但是在价格上他还想得到些优惠。这个时候销售人员一定要有耐心，稳住自己，分析一下客户的心理。

客户已经有购买的欲望了，但还是说贵的话，他只是想以此借口要求销售人员给予降价或获得其他利益。这个时候销售人员应该顺着客户的思路进行说服，说服的方法有以下几种：

1. 构图讲解法

> 客户："能不能再便宜一点啊？"
>
> 销售人员："先生，您真是太有眼光了，这双运动鞋不但款式新潮时尚，而且面料和做工更是一流！目前这个价格已经在原价的基础上打了8折，对于这么好的运动鞋来说，绝对是物超所值的！您想象一下，当您穿着这样潇洒的运动鞋出现在女朋友面前时，您将在她心目中留下多么美好的印象啊！您说是吧？"

2. 时间细分法

> 客户："我没必要买这么贵的啊！"
>
> 销售人员："您可不能这么说，好东西是人人都需要的！常言道'没有最好，只有更好'，像您这样的青年才俊不配这种时尚的装饰谁配呢？这套装饰品虽然价格高一点，但它质量上乘，品位不凡，而且用个十年八年肯定没有问题，这样算下来每年也就一百多元钱，与在外面吃一顿快餐差不多！您说呢？"

3. 比较法

> 客户："我觉得还是有点贵。"
>
> 销售人员："其实真的不贵了，您也知道市场上某某牌子的多少钱吧，这个产品比它们的便宜多啦！并且质量一点儿也不比它们的差。"

4. 拆散法

客户："我觉得还有点贵。"

销售人员："您看，这个显示器给您算……（价格）这个主板给您算……（价格）这个硬盘才给您算……（价格）您再看……（其他电脑组件的价格）而这对音箱又是免费赠送给您的，每一组件给您的都是最低价，性价比全场最高，您算算看。"

5. 赞美法

客户："我觉得还是有点贵。"

销售人员："先生，一看就知道您平时很注重生活品位。如果这次买了我们的商品，觉得不错的话，欢迎您下次再来光顾啊！"

总之，要传递给客户这样的信息，这么好的商品才卖这个价格已经很实惠了，然后强调商品的优点及能够带给客户的利益，让客户强烈地意识到自己对商品的需求。

价格细分，化整为零，"大钱"变"小钱"

无论是打折的产品，还是性价比很高的产品，只要报出了价格，客户都会嫌贵。这就是每一个销售员常常遇到的问题，也是最令他们头疼的问题。

当销售员和客户谈到价格问题时，最明智的做法就是先把总金额细分，当每一份细小的金额都有自己的对应价值时，客户就会接受这个价格。

"这套房子的价格基本上值 100 多万元,但是它的产权期限是 70 年,这样算来您一年才花 1 万多元就可以享受高档的公寓套房了。如果你每年居住期为 12 个月,一个月就还不到 1000 元,这样一算,比您租房合适多了,您说是不?"

打价格战,也是打心理战。同样的价格,不同的报价方式,客户就会做出不同的反应。所以,抓住客户的心理,合理、巧妙地为客户做价格细分,这样才能成功。

一位寿险销售员在小区推销儿童保险,妈妈们都前来询问保险的缴费情况,销售员未加思索,脱口而出:"每年交 1 万元买 20 份,一直到您的孩子年满 18 周岁为止。"

话音刚落,已经"人去屋空"。面对每年 1 万元的保险费,妈妈们都望而却步了。但是如果我们换一种说法呢?

几天之后,那位销售员又来到这栋住宅楼,这次他高兴地对每位妈妈说:"告诉你们一个好消息,现在我们儿童保险业务出台了新政策,每天只需几元钱,就可以为孩子们上一份保险。"很多妈妈一听都围了上来。

"怎么会有这么便宜的保险呢?"

销售员解释道:"我们公司,大家都知道,是正规的大型保险公司。为了照顾儿童,公司重新修改了儿童保险政策。每天两元,到孩子年满 18 周岁为止。每天为孩子省两元钱不难吧?"

听完销售员的介绍,妈妈们纷纷争相购买。

两种解说方式,两种不同的结果。

把大钱说成小钱,把高额分解成低价,并且告诉客户可以从中得到好处,客户心中的成交壁垒自然就不攻而破了。

强调价值，帮客户找到心理平衡

在每一次销售活动当中，几乎都不可避免地存在着有关价格问题的争议，客户经常会不厌其烦地与你讨价还价。例如：

> "价格太高了，我们根本就买不起……"
>
> "太贵了，一点儿都不合算……"
>
> "我看到公司的宣传单上写的价格比你们的要便宜很多……"
>
> "如果价格能够再低一些，或许我会考虑购买……"

可以说，很多时候客户提出的诸多反对意见几乎都是为了能更多地压低产品价格而进行的。由于价格问题直接涉及买卖双方的利益，讨价还价的过程可能直接影响乃至决定交易的成败。所以，销售人员应该掌握一些讨价还价的策略和技巧。

讨价还价是消费者常有的一种心理，为的是求得某种心理平衡。只有当客户的心理找到了平衡点，才会最终做出购买的决定。

其实，"便宜"和"贵"都是相对来说的。作为销售人员，要学会做价格分析，要让客户了解你所提供的价格里面具体包括了什么。让客户把关注的焦点从价格问题转移到他们更感兴趣的产品价值身上，让他们觉得物超所值，就会实现成交。

具体的实施过程中，销售人员可以采取积极询问、引导式的说明或者相应的产品演示等方法。如下例所示：

客户："你们公司的这款复印机显然要比某公司的价格更高一些，所以我们打算再考虑考虑……"

销售人员："我知道您说的那家公司，您认为他们公司的产品质量和性能与我们公司相比哪个更好一些呢？"

客户："产品的质量不太容易比较出来，不过我觉得他们公司的产品功能好像更多一些，他们公司的复印机还可以……"

销售人员："其实我们公司的另外一款产品也具有您提到的这种功能，不过这种功能其实是针对专业使用者来设计的，我觉得贵公司的复印机使用的人员和每天需要复印的东西都很多，所以这款操作简单、复印速度快、质量水平更高的机子更适合贵公司日常使用……"

客户："是这样啊，那我再考虑考虑……"

在这里，销售人员把难以解决的价格问题转移到了比较容易解决的质量与性能问题上，从而使客户的购买心理发生变化，不失为一种很好的销售策略。

谈判是销售人员与客户之间的一场心理博弈，在保证自身利益的同时，又使客户能够接受，需要销售人员具有高超的谈判技巧，通过各种心理攻势来俘获客户。

当客户对产品的价格感到不满时，销售人员可以引导客户说出他们认为比较合理的预期价格，然后针对产品价格与客户预期价格的差额对客户进行有效的说服。采用这种方法最大的好处是，一旦确定了价格差额，商谈的焦点问题就不再是庞大的价格总额了，而只是区区小数额的差价，这时，销售人员如果能进一步说明产品的价值，把客户的注意力吸引到产品的价值上，客户可能就不会过于坚持了。

在处理价格这个问题上，销售人员除了要懂得价值和价格之间的关系外，还要学会一些关于价格谈判的小技巧，让客户觉得销售人员所说的价格是合理的或者利润是客观的。

　　销售人员要明白，价格是客户对商品的价值有所了解之后才涉及的一个话题，按价格购物也是对商品价值的肯定。客户对商品的购买欲望越强烈，他对价格考虑得也就越少。销售人员最好不要主动和客户谈价格。永远把商品的价值放在价格的前面，不让客户停留在对价格的思考上。

第十一章 一锤定音

坚定客户购买的决心

◎公司下月初将大幅度提高产品售价，所以我建议您今天就做出决定，不然两天以后再买

   的话，您可就得多花几百元钱了。

◎您看，这衣服你穿上多合身，简直像为您量身定做的一样。

◎我们公司在业界的品牌信誉度和影响力您肯定也听说过，所以在产品的质量和服务水平

   方面您大可放心。您还有什么顾虑呢？能否说来听听，我看看能不能帮到您……

◎您真的非常幸运，这款产品非常畅销，我们库房里的存货就剩下两件了。

◎无论您是否购买，我都要对您花时间听我的介绍而表示感谢，这是为您准备的小礼品，

   请笑纳。

委婉催促，帮助客户下定购买决心

有很多销售人员在接近客户、说服客户的过程中都做得很好，可就是成交不了。原因是什么呢？因为他不敢催促客户，或者说，不懂得帮客户下定决心的技巧。

与客户沟通的最后阶段，也是销售人员帮助其下决心的时候。下面是一些常见的行之有效的方法：

1. 汇总获得认同的利益

销售员："……这台传真机有 30 页 A4 的记忆存档装置，您再也不用担心因纸张用完而收不到重要的信息了，能杜绝您延误商机的烦恼。同时，价格方面您也是非常清楚的，我给您的是最优惠的价格……"

销售员将产品的优点汇总，让客户感觉到物有所值，促使其坚定购买意向，做出成交决定。

2. 敦促提问法

> "您对包装有什么要求？"
>
> "把货运到什么地方？"
>
> "您什么时候需要它，两天后到行吗？"
>
> "您需要什么服务？"
>
> "您是刷卡还是现金支付？"

当你对客户有一定把握的时候，简单而直接地提出订单要求，就可以把订单签下来。

3. 征询意见法

有些时候，销售人员并不能确定客户的购买意向。在这些情况下，最好能够使用征求意见法：

> "陈先生，这本书对你的工作很有帮助吧？"

这种方式能让你去探测"水的深浅"。如果能得到一个肯定的答复，那你就可填写订单了。

欲擒故纵，让客户主动急于成交

大部分人都具有这样一种心理，即往往认为越稀有的东西价值越高；越是难以得到的东西，越希望得到它；越是不让知道的事情，就越想知道。

在营销活动中，有时销售员越是拼命地推销其产品，消费者越是小心谨慎。而当销售员说："对不起，这一件已经被其他顾客订购了，要不您看看别的吧？"

客户听到这样的话，就会觉得被订购的那一件肯定非常好。

> 　　某销售员在推销甲、乙两套房子。他想卖出甲房子，便在跟客户交谈时这样说："您看这两套房子怎么样？现在甲房子已经在前两天被人看中了，要我替他留着。因此，你还是看看乙房子吧，其实它也不错。"销售员的话在客户心中留下深刻的印象，使客户产生一种"甲房子已经被人订购，肯定不错"的感觉。最后，他带着几分遗憾走了。
>
> 　　过了几天，销售员找到这位客户，告诉他："您真是很幸运，正巧订购甲房子的客户因家人太多，觉得房子有点小，想另找一套更大点的房子。我那天看您对甲房子有意，便特地给您留下来了。"
>
> 　　听到这些，那位客户当然也很庆幸自己能有机会买到甲房子。因此，交易很快达成了。

　　对待不能做出果断决策的客户的办法是制造出一种紧迫感。只要你仔细考虑，无论你推销的是什么产品，你总会想出使其产生这种感觉的好办法。

1. 利用"特价"来制造紧迫感

　　不动产经纪人也许会告诉他的委托人，如果他还不能做出决定，他就要自付不动产税。这样一来，客户会觉得如果不把握住这个机会，就会造成极大的遗憾，紧迫感也就因此而产生了。紧迫感一旦产生，客户就会自然而然地做出购买的决定。无论用什么方法，只要能制造一种紧迫感，就可刺激顾客尽快做出购买决定。

2. 利用"只剩一件了"来制造紧迫感

　　很多客户非常挑剔，销售人员好不容易把唯一的商品推荐给客户了，客户也非常满意，但却要一件新的。

　　客户非要一件新的，但库房里面没有货了，调货的话又来不及。此时，该怎么办呢？很多销售员通常会说："如果有新的我肯定给您了，但确实没有了。"这种解释虽然诚恳，但并没有说服力。有的销售员可能会说："只剩下这一件了，您要是不要，我就没有办法了！"言下之意，要不要随你，这样说会让客户感到很尴尬，下不来台。如果销售员说："这件就是新的，当着您的面拆开的。"这样的话，会让人感觉到是客户太挑剔了，没事找事，这样就会让客户在赌气之下放弃购买。

销售员可以参考一下这样的回答方式："真的很抱歉！刚刚给您拆开的这件商品不仅是全新的，而且刚好是最后一件，之前没有人打开过。您的运气真好，这一款是很热卖的，刚好剩下这一件就被您遇上了，要不，我给您把它包上？"

这样的回答，显得很真诚，关键是"最后一件"给客户适当的压力，如果客户本来只有6分的意向要购买，此时必定是8分的意向了。因为"最后一件"说明客户很有眼光，而最后一件也不是旧的，而是刚刚打开的、全新的，大多数客户都能接受。

3. 利用"过两天怕没货"来促使成交

很多犹豫型客户虽然看好一件商品，自己也觉得满意，但就是下不了决心，很有可能最后会说："东西挺好的，我想下次带我的朋友来给我参谋参谋。"

面对这样的客户，销售员应该如何回答呢？"那好吧！那您下次再过来。"很多销售人员会这样回复。这样说等于没有给客户任何压力就放弃了。这样的回答等于是告诉客户你可以离开。其实，客户一旦离开，再回来的可能性就很小了。

销售人员可以这样说："今天您不带您的朋友来，真是太可惜了！这款产品真的太适合您了，价位又不高，我们今天又恰好有促销活动。明天我们的活动就要结束了。要不您先试试？"

这样的回答，先肯定客户的选择，然后说服客户试一试产品，更加激起客户的购买欲望，最后利用短缺效应，引导客户成交。这不失为一种好方法。

激将成交，巧妙利用客户的自尊心

激将成交法，指销售员采用一定的语言技巧刺激客户的自尊心，使客户在逆反心理的作用下完成交易行为的成交技巧。

在销售过程中，销售员往往容易遇到一些"不慌不忙"的客户，虽然他们对产品有需求，但就是犹豫不定，总想着等等看。面对这些客户，要想促使他们下决心签单，销售员可以利用他们的好胜心、自尊心，采用激将法让他们做出购买决定，迅速签单。

争强好胜是许多成功人士的通病，如果销售员能够利用这个"软肋"在恰到好处的时候激将一下，那么销售就容易得多了。同时，激将法也要选择对象，不能对谁都用。实践告诉我们，自尊心越强的人越容易"受到刺激"。

我们来看一个销售案例：

> 小杜："张总，您好，我是××保险公司的销售员小杜，很高兴能够见到您。"
>
> 客户："你好，可是我没有打算买保险啊！"
>
> 小杜："是这样的，我们公司有一款非常适合您的保险，您能允许我为您做个简单的介绍吗？"
>
> 客户："可以，你说吧！"
>
> 小杜："……（系统地介绍了保险的内容）"
>
> 客户："这么说来，还真是不错，不如这样吧，你让我想想再答复你。"
>
> 小杜："还考虑什么呢？真的很合适啊！"
>
> 客户："还是再等等吧！"

这次失败的原因是小杜没能将话说到点子上。如果换成下面的说辞，那么一切就容易多了。

> 小杜："张总，您好，我是××保险公司的销售员小杜，很高兴能够见到您。"
>
> 客户："你好，可是我没有打算买保险啊！"
>
> 小杜："是这样的，因为我在VIP档案中查到了您的资料，但又发现您没有购买保险的记录，所以针对您这样的成功家庭，我为您量身定做了一套保险计划，请允许我为您简单介绍一下好吗？"
>
> 客户："可以，你说吧！"
>
> 小杜："……（系统地介绍了保险的内容）"
>
> 客户："这么说来，还真是不错，不如这样吧，你让我想想再答复你。"
>
> 小杜："现在，很多负责任的先生都会给自己的妻子和儿女买保险。因为他们觉得为妻子和儿女买保险是对他们无限关爱的一种方式。我遇到了很多和您同样成功的先生在为他们的妻子和儿女买了保险……"
>
> 客户："哦，那我看看你的方案。"

激将法是一种有效打动客户的方式，当客户感到有人质疑他的能力，抑或是自己与同档次的人有差距时，就会在最短的时间内做出决定，以挽回自己的面子。

如果客户迟迟不愿做出成交决定，销售员千万不要等候，而是要主动出击，利用激将法为客户制造心理失衡的条件，让客户尽快做出成交决定。

虽然激将法会对促成交易起到很大的作用，但是它在使用时会直击客户的自尊心。如果时机、语言、方式中有一点不对，或者显得过分，就会导致客户的不满和愤怒。所以要注意使用激将法的时机和方式，否则，那只会让你和客户的关系越来越僵。

　　请记住："请将"不如"激将"，适时地给客户一个小小的刺激，就能很好地推动销售进程。

非此即彼，促进成交的"二择一"法

　　有一次，李女士到一个小面馆吃饭，一个服务员微笑着问："小姐您好！吃点什么？"李女士点了一份面条。服务员收起菜单就离开了。过了几天，她又到这家面馆吃饭，同样也是一个服务员微笑着问："小姐您好！吃面条还是吃米饭？"李女士说："来份面条吧！"服务员还是微笑着说："好的，您要加一个荷包蛋呢还是加个大排？"当时，李女士想都没想就说："加个大排吧！"

　　在这个小故事中，两个服务员都做了自己应该做的事。但从第二个服务员身上，我们可以学到一些东西。首先，她问的问题是开放式的，让客户做选择。同时，还运用了销售工作中的一种技巧——"二择一"成交法。她在问加荷包蛋还是加大排时，客户心里就已经认为是应该加什么而不是加与不加的问题了。

　　"二择一"成交法的具体方法是，在问题中提出两种方案（如规格大小、色泽、数量、送货日期、收款方法等）让客户任意选择。

1. 两者之间选择

　　如果你是销售员，为一家刀具公司推销剃须刀片，如果你问："您需要多少刀片？"显然不够聪明。如果你问客户："您是买两盒还是三盒刀片？"效果就会大不一样。这样即使客户根本就不想买，在你的两种备选答案下，也会决定至少买上一盒。

　　"您更喜欢哪一种房子，现代的还是传统的？"

　　"您喜欢哪一种车，双门的还是四门的？"

　　"您是想要绿色的，还是想要蓝色的？"

2.询问客户的偏爱

"非此即彼"也称作"偏爱成交法"。所以在用此技巧时也可以探察客户的偏好。

比如,一客户在买电脑时犹豫不决,销售员设法深入了解他的喜好。

推销员:"您要的是 17 英寸液晶屏,国外进口原装产品,对吗?"

客户:"对。"(产地、式样部分)

推销员:"您想买带有 DVD 刻录装置的,对不对?"

客户:"对。"(性能水平部分)

推销员:"您愿意出价 7000 元左右,这台电脑的售价为 6980 元。"

客户:"正合适。"(价格部分)

推销员:"您也比较喜欢时下流行的银灰色,是不是?"

客户:"嗯!"(外观装饰部分)

推销员:"您看运转速度多快,操作也方便,内存也够大,您要的正是这样的机子吧?"

客户连连点头,"当然,当然。"(质量特色部分)

于是,买卖双方顺利达成一笔交易,皆大欢喜。

选择成交法可以减轻客户的心理压力,制造良好的成交气氛。从表面上看来,选择成交法似乎把成交的主动权交给了客户,而事实上就是让客户在一定的范围内进行选择。

引出承诺,促使客户言行一致

说出去的话,泼出去的水。一般来说,人们总会使自己的言行保持一致。作为销售人员,就要利用这一点,想方设法使客户做出承诺。一旦对方做出了承诺,他就会尽可能地履行自己的诺言。这是因为,人们都不喜欢自己被

认为是一个言而无信的人。

这种方法对那些自尊心特别强，对众人的感觉特别敏锐的人尤其有效。

美国杰出的销售员齐格·齐格勒曾经历过这样一件事。

那次，齐格勒为了换乘飞机而在圣路易斯机场下了飞机。他看自己的皮鞋有些脏，便来到他常去的那个地方去擦鞋。

那天，为他提供服务的是一个新手。他走到齐格勒的身旁说："是擦一般的鞋油吗？"

"没想到你会让我擦一般的油！为什么不让我擦最好的，而偏要建议我擦一般的呢？"齐格勒盯着那笨小子问。

"下雨天穿皮鞋，难免要弄脏。所以，有很多人舍不得花两美元擦最好的油啊！"

"擦最好的油，在下雨天不是更能保护皮鞋吗？"

"是这样的！"

"那你刚才为什么不建议我擦最好的呢？"

"在下雨天擦皮鞋，还不曾有人舍得花两美元呀！"

"我想你也愿意人们擦最好的吧？"

"是的。"

"我教你几句让顾客擦最好的鞋油的推销语好吗？"

"当然了。"

"当下一位顾客来时，一旦他坐在椅子上，你首先应该做的事情，就是注意那个人的皮鞋，然后再看着那个人的眼睛说：'如果我的估计没错的话，顾客先生，您一定是来让我给您擦最好的鞋油的人。'"

客户在挑选商品的时候，往往会提出这样那样的意见。作为销售人员，一定不要反驳客户的话，而要牢牢抓住客户说过的话，顺势而为，以此来促进销售的成功。

比如，客户这么说："我希望我的房子周围风景优美，有山有水。而这里的房子好像并不具备这种条件。"

销售员应该把握时机，说："假如我有一处有山光水色的地方，并且以相同的价格提供给您，您买不买呢？"

不管客户是否真的想要一个有山有水的地方，只要抓住客户所说的话，给他提供一个符合他要求的产品。这时候，他事先说的话就不好反悔了。

这样的情况在生活中也是时常发生的。譬如说，我们上街去买衣服，走进一个服装店里挑选，其实你是无心购买的，只不过看看而已。

这时，营业员就会上前招呼你：

"您喜欢哪一件？"

"把那件衣服给我看看。"

"这件衣服不错，挺适合你的，穿上特别漂亮。"营业员拿衣服的时候会这样说。

"不过，我不怎么喜欢黑色，如果有粉红色的就好了。"

"有啊，我们恰好有三种颜色：黑色、白色和粉红色。"

"那好，给我拿件粉红色的吧！"

所以说，作为销售人员，就要想办法使客户做出有利于销售成交的承诺。因为客户一旦做出承诺，往往就会按照自己的承诺来执行。

屏蔽风险，解除客户的后顾之忧

在即将成交的关键时刻，很多客户开始反悔了，他们会用各种各样的理由来拖延或拒绝，比如预算不够，负责人不在等。更为严重的是，很多销售员对对方的这种行为不理解，更不知道对方此时的心理状态。

其实，这就是客户对购买产品后的一种担忧，客户不确定产品的使用过程中会出现什么问题，以及出现问题后该如何办。在了解到客户的这种心理状态之后，就要想办法消除客户的后顾之忧，突破推销过重中这最后一道障碍。

任何时候两方进入交易阶段，一方总是要求另一方（不管是有意识还是无意识）去承担大部分或所有的财务、心理或情绪的风险因素。当你将客户的风险拿走时，也消除了成交的主要障碍。

> 有一位农夫想要为他的小女儿买一匹小马，在他居住的小城里共有两匹出售，从各方面来看，这两区小马都一样。第一个人告诉农夫，他的小马售价为五百美元，想要就拿走。第二个人则为他的小马索价七百五十美元。
>
> 但是第二个人告诉农夫，在农夫做任何决定前，他要农夫的小女儿先试骑这匹小马一个月。他除了将小马带到农夫的家外，还自备小马一个月吃草所需的费用，并且派出他自己的驯马人，一周一次，到农夫家去教他的小女儿如何喂养及照顾小马。他告诉农夫，小马十分温和，但最好让农夫的小女儿每天都能骑着小马，让他们相互熟悉。
>
> 最后他说，在第三十天结束时，他会驾车到农夫家，或是将小马取回，将马房清扫干净，或是农夫付七百五十美元，将小马留下。你想农夫会向哪位卖主买这一头准备送给女儿的小马呢？结果不言而喻。

在实际交易中，想想你的客户从向你购买产品或服务的行为中，最想获得的是什么，然后向他们保证。

在毫无风险的情况下，有许多的人抱着不妨一试的心态，如果你的产品或服务正如你所言，一旦他们开始尝试，就会一用再用，不断地向你重复购买。

客户："你们公司规模小，也没什么名头，我凭什么和你们合作？"

销售员："您说的没错，我们公司在业界的确不如那些实力强大的公司，但是我们公司也有自己的特色和长处。"

客户："什么特色和长处？"

销售员："我能先问您一个问题吗？"

客户："当然可以。"

销售员："在您与其他企业合作的过程中，最担心的或者说对它们最不满意的是什么？"

客户："售后服务。机器设备一旦坏损，更换零件都是件麻烦事。"

销售员："没错，正如您说的，质量过硬的产品还得配备完善的售后服务。我们公司最大优势就在于有一支技术过硬、负责任的服务团队。您知道，我们一个新公司无法与那些有实力的公司在产品线上抗衡，唯一可做的就是完善产品的售后服务。这是我们公司售后服务方面的资料，有什么不完善的地方，请您多提宝贵意见。"

客户接过资料，一边翻看，一边频频点头。

那么，如何来消除客户的后顾之忧呢？建议从以下几点做起：

1. 向客户提供权威证明，强化客户的购买信心

常言道："空口无凭。"客户无法相信你的承诺。销售员需要出示相关证据，给客户吃颗定心丸，让客户对你的承诺放心。比如，声望比较高的老客户、公司的荣誉证书，等等。

2. 向客户出示三包证明，帮助客户正确解读相关条理

三包证明是产品销售中非常重要的一部分，大部分客户在关注产品质量的同时，都十分注重这一部分。当客户对你的产品认可之后，销售人员就必须向对方交代清楚产品的售后政策，比如，三包证明使用注意事项，更换、

维修的起止时间，等等。要让客户清清楚楚地知道与产品有关的一切服务，既不能随意夸大事实，也不能有意贬低。

3. 你的"保证"必须真诚

有一个公司生产船用热水器，附带有不满意即退款的保证——在三十天内，如果你并不完全满意，你必须将"未装设及未使用过"的热水器退还，才能得到退款。

有一家家电系统公司提供的厂商保证倒简单，只要将注册单填好寄回原公司就可以得到厂商保证，问题是厂商保证正好就印在客户必须寄回原厂的注册单背面。

以上这些看起来很尽心的"保证"，根本经不起琢磨，有的干脆就是一种强盗逻辑，毫无半点诚意。这样的"保证"非但不能促进交易，反倒会让消费者避之不及。

4. 做出合适的"保证"

检视你的生意、产品、服务，将可能使你的客户不和你打交道、选择你的竞争对手却不选择你的种种原因一一列出。问问你自己，当你以一种无风险的方式提供客户产品或服务的机会，真正可能的负责情况是什么？如果你提供且达到真正的品质及价值的目标，因此而受到重视、感激及了解，就不要怕提供"保证"。

其实，增加"保证"是个双赢策略。由于你保证你的客户有特殊的结果，你通常会比以前表现得更好，以确定你的公司可以达成你的承诺。所以当客户最后会接受到比预期更高的服务、品质以及表现时，你和客户在这个程序中都是大赢家。

第十二章　**售后服务**
贴心话温暖人心

◎我理解您的感受，换成是我也会跟您一样生气。请您先消消气给我几分钟时间给您说一下这个原因可以吗？

◎首先对给您造成的不便深感抱歉。我想这肯定是哪个环节出了问题，您放心，我们一定会负责到底，给您一个说法。

◎您好，叔叔／阿姨，我是某某公司销售员小李，您还记得我吗？我想了解一下那款产品您用得怎么样？有没有需要我们帮您解决的问题？

◎谢谢你宝贵的意见和建议，我们会尽快反映给相关部门去改进、调整。

◎这是我们工作人员的失误，我们会马上反馈您这个问题，请放心，我们会给您一个满意的处理结果！

耐心倾听，真正了解客户的问题

一个客户到移动服务厅反映问题，当时在现场当值的营销经理马上将客户请到客户接待室。

一坐下来，营销经理为客户递上了一杯冰水，同时在旁边也备有了纸巾。客户擦擦汗，喝了口水后，开始向营销经理说明了他来投诉的事情。

"你们全球通的资费太贵了，我经常出差在外，感觉预交的话费一下子就用完了，然后就被欠费停机，真耽误事。"

明白了事情的缘由后，营销经理一边安抚客户的情绪，一边拿着客户递给他的账单，分析客户话费的数据组合。

"您没有办理商旅服务套餐吧？"

"没有。"

"您每月都是预交话费吧？"

"是啊！"

"那我明白了。"

由于该客户经常漫游，可能是不了解相关的商旅服务套餐，他没有办理合适的套餐，以达到合理的消费，按照该套餐的标准资费计费，每月话费确实不少。另外，他也没有开通银行托收的交费方式，用完必须及时充值。

　　了解了情况之后，营销经理先向客户说明了移动全球通正常的资费标准，为客户清楚地解释了账单各项费用。随后根据客户实际实用情况，向他推荐了一款适合的商旅套餐。

　　最后，客户满意而去。

　　在销售活动中，客户投诉在所难免。当客户由于你的失误开始咆哮时，一般人会感到不痛快，甚至有抵触情绪，这很正常。不过当这种情况发生时，你还是应该用心聆听。

　　丽兹·卡尔顿酒店（Ritz-Carlton）是世界一流的酒店，他们非常重视客户服务。他们认为，投诉并不可怕，微小的错误倒是个营造优秀的用户体验、留住客户的好机会。甚至有人说，那里的员工会故意在一些小问题上不满足客户的要求，然后郑重其事地道歉、提供补偿，结果，心怀不满的客户最后反而变成了它的终身客户。

　　优秀的公司不会将客户的投诉作为经营中令人不快的插曲，而是把它们当成了一个发现问题、解决问题的免费的好机会。这比不少公司每年花费数百万美元来开展形式多样的客户反馈调查得来的信息还要真实、准确。

　　所以下次当客户投诉时，请认真倾听，而且一定要说声"谢谢"。

　　倾听是沟通和解决问题的前提。认真倾听客户的诉求，让客户解释他所要表达的意思并请教客户我们的理解是否正确，都是向客户表明了你的真诚和对他的尊重。同时，这也给客户一个重申他没有表达清晰的意图的机会。

　　处理客户投诉时要尽量让对方坐下谈话，让对方放低重心，避免和对方站着沟通。据心理学研究表明，人的情绪高低与身体重心高度成正比，重心越高，越容易情绪高涨，因此站着沟通往往比坐着沟通更容易产生冲突，而

座位越低则发脾气的可能性越小。

当客户说话时候,销售人员一定要集中注意力,留心客户所说的每个词语,并适时地对客户的谈话表达你的认同,使对方很安心地说出自己的真实感受,让对方能够和你一样平心静气,公平衡量事情的利弊,改善双方原本对立的关系。带有反馈式的倾听,会让客户产生被重视的感觉,大大提高对对方的满意度,容易稳定情绪。面对客户,很多人都会面无表情地倾听,这是最忌讳的行为。这会让对方觉得一肚子委屈得不到重视,火气也越来越大。

在沟通中,可以将客户的谈话内容及思想加以整理后,再用自己的语言反馈给对方。例如,"为了使我理解准确,我和您再确认一下。您刚才的意思有以下七点,第一点是……第二点是……您认为我理解得对吗?还有什么,您接着说。"如此重复,可以让其感到备受重视。对方也一定会反过来专心听你重复的话,寻找错误或遗漏之处,如此转移注意力,自然更利于降火。重复对方的话的频率与客户情绪的高低成正比,对方情绪越高,就越应该增加重述的频率,从而努力让对方平静下来。

不要打断客户的话。急于打断客户的话是不礼貌的行为,也会让销售人员和客户之间竖起一堵墙。即使你不同意客户的某些观点,也不可急着打断他的话,一定要耐住性子听他说完,这样你才能知道他真正的不满。

不要直接反驳客户的观点。客户的观点和见解不一定完全正确,但是,销售人员不能批评或反驳客户,那样会激怒客户、恶化事态。如果客户的措辞太激烈,销售员可以说:"别激动,您慢慢说,我在听。"或者为其倒杯水,用一些方式稳定、平复客户的情绪。

表达关切，用换位思考与客户沟通

在销售过程中，客户的投诉是一种很常见的现象。

投诉对销售的危害性很大，它给客户以极大的消极心理刺激，使客户在认识上和感情上与销售一方产生对抗。一个客户的抱怨可以影响到一大片客户，他的尖刻评价比广告宣传更具杀伤力。投诉直接妨害产品与企业的形象以及销售人员的个人信誉，对此千万不能掉以轻心。

客户在投诉时会表现出烦恼、失望、泄气、愤怒等各种情感，你不应当把这些表现理解成是对你个人的不满。特别是当客户发怒时，你可能会想："我的态度这么好，凭什么对我发火？"要知道，愤怒的情感通常都会在潜意识中通过一个载体来发泄。你一脚踩在石头上，会对石头发火，飞起一脚踢远它，尽管这不是石头的错。因此，客户仅仅是把你当成了发泄对象而已。

正确对待和有效处理客户投诉的基本方法，就是销售人员进行换位思考，设身处地为客户着想，站在客户的立场上看待客户的投诉，给以极大的重视和最迅速、合理的解决。

一个人在喝牛奶时，在奶瓶里发现了一小块碎玻璃，于是怒气冲冲地直奔牛奶公司去投诉。

他边走边打腹稿，并想好了不少尖刻的话语。他甚至还想到，如果牛奶公司不服或者态度恶劣，那就把此事往新闻界捅，或者找消费者协会投诉。

他一到牛奶公司，就冲着接待人员嚷道："你们难道就只顾赚钱吗，这些碎玻璃一旦喝进肚子里会伤人命的！"

公司负责接待的销售员听到这里，并没有与之争辩，却是异常关切地问

> 他："那碎玻璃是否伤着您？舌头、喉咙有没有事？现在是否有必要上一趟医院请大夫检查检查？"
>
> 当得知客户未受到伤害之后，她长吁了一口气说："那真是不幸中的大幸，想想都让人后怕啊！首先对给您造成的伤害深感抱歉。我想这肯定是哪个环节出了问题，您放心，我们一定会负责到底，给您一个说法。"
>
> 客户听到对方这样说，满腔怒火消了一大半。

上面这位销售员用高超的话术平息了客户的怒火，防止了事态的进一步扩大。之所以如此，就是因为她能够换位思考，充分理解客户处境。客户感到自己被理解，情绪自然也就平复了。

因此，在与客户交涉时，一定要避免争吵，要站在客户的立场来考虑问题："如果自己是客户会怎么做？"

这就好像你在开车的时候，会觉得骑自行车的人和行人都不遵守交通规则，但是当你走在街上，你又会觉得那些开车的人真是不懂规矩。因为角色转换之后，想法和看法就会有很大的转变。

不少销售人员把客户的投诉视为小题大作，无理取闹，这是由于销售人员仅仅把自己作为一个旁观者来看待。有些事从销售人员的立场来看，就是区区小事一桩，但对客户来说则是一件大事。假如销售一方事先不了解真实情况，甚至当着客户的面说什么"有什么可值得大惊小怪的""不就是一件小事吗？何足挂齿""问题不会如此严重吧"的话，对方一定会非常生气，发生争执或投诉在所难免。所以，只有站在客户的立场上，才能更好地理解客户的投诉动机，积极采取有效措施予以妥善处理。

另外，客户在投诉时，多带有强烈的感情色彩，具有发泄性质，因此要平息他们的怨气，在客户盛怒的情况下当客户的出气筒，需要安抚客户，采取低姿态，承认错误，平息怒气，以让客户在理智的情况下，分析解决问题。

总之，面对客户的投诉，一定要先表达关切与慰问，将心比心，真诚与客户沟通，让客户感觉到自己被理解，这是解决投诉的第一个也是最重要的原则。

积极化解，时间抚不平客户的不满

布兰妮在新加坡找到了一家度假中心。因为度假中心的风景极棒，布兰妮决定多住上几天。可是，没想到第二天早晨，当她推开落地窗时，原先的一池清水全不见了，映入眼帘的是几个工作人员，拿着震耳的清洁机器，站在池子中央来回工作。

布兰妮气坏了，她决定打电话问个明白。

两分钟后，度假中心的值班经理汤姆亲自回了电话："布兰妮小姐，很抱歉，由于我们的客房通知系统出了问题，没有将游泳池定期清理的消息通知您，给您造成了不便，这的确是我们的错误，我们感到非常抱歉。谢谢您打电话来告诉我们您的不满，让我们有立刻改进的机会。"

汤姆接着说："我了解您之所以选择敝度假中心，是因为我们景观优美以及游泳方便。为了表达我们由衷的歉意，昨天晚上的房价给您打对折。"

"但由于池子太大，要清理上两三天，即使打折也仍然不能解决您在这里无水可游的问题。这样吧，如果不会造成您太大的不便，接下来的几天，我很乐意帮您升级到私人别墅，里面有自己的露天泳池及按摩池，您觉得这样的安排合适吗？"

"我觉得这样的安排很合适！"布兰妮非常高兴地说，原先的不满一扫而空。布兰妮住进别墅的当晚，正浸在游泳池中仰头赏月，服务人员敲门送进来一瓶不错的红酒，这是来自汤姆的特别问候。

度假结束之后，布兰妮大力推荐这家度假中心给她认识的朋友们，她这样说："五星级设备，六星级服务，去了你绝不会后悔！"

在上面的事例中，那位值班经理面对客户的不满，先是态度诚恳地认错，然后主动提出弥补的方案，积极主动，一下子就把客户的不满给解除了。

销售员在接到客户投诉或抱怨时，都要坚持这样的处理原则：体谅客户的情绪，尊重客户的意见，使客户的不满与抱怨得到妥善的处理。

具体来说，销售员在处理客户抱怨时应遵循下列步骤。

1. 以真诚的态度仔细倾听客户的抱怨

用关怀的眼神看着客户，用真诚的态度对待客户，不但专心倾听，还要将对方的谈话进行整理和归纳，如："您的意思是因为……而觉得很不满是吗""总体来讲，主要有如下几点令您不满意……是吗"。

2. 对客户的抱怨表示感谢，并解释原因

当客户抱怨时，应该首先说声谢谢，因为客户愿意花时间和精力来抱怨，让自己有改进的机会，这当然应该感谢他们。如此做，可以让对方的敌意骤降。然后，再做必要的解释，以求得客户的谅解。

3. 真心诚意道歉

一旦发现是自己造成的错误，要赶快为此事真诚致歉，即使错误与自己无关，也要对客户的麻烦表示同情和歉意，例如，"很抱歉让您这么不开心"。

4. 承诺将立即处理

道歉后，要积极表示处理此事的诚意，如"我一定会尽快帮您处理好这个问题"。

如需要询问细节及其他相关信息，别忘了先说："为了能尽快为您服务，要向您请教一些数据……"但千万不要直接咄咄逼人地问客户问题。

5. 提出解决方法、计划及时间表

在提出解决方法之前，销售员要将决定权交给客户："我们某月某日将这样做，请问您是否同意？"如果把决定权交在客户手上，他会感觉受到尊重而消除怒气，接着就得快速解决问题。但要注意，千万别自作主张："就这么办……"要是这么一说，客户的对立情绪则得不到缓解。

6.给客户带来的问题进行适当的补偿

除了解决客户的问题外，还要额外做出适当补偿，这往往可以让客户收获意外的惊喜。其实，有抱怨的客户往往只希望能获得令人满意的问题解决方案，他们的要求并不多。如果能给其一定的优惠，可以帮助客户尽快遗忘所出现的问题。

7.掌握客户的满意度

在解决了客户抱怨的问题后，还需要确认他们的满意程度，这可以保持和他们的关系。处理问题后还要跟客户联系，确认对方是否满意此次的服务，了解自己的补救措施是否有效，同时也能加深客户受尊重的感觉，让他们产生"都过了两三天，你依然把我放在心上"的感觉。

8.表示一定防止类似问题的重复发生

解决了客户的抱怨以后，要向客户保证，今后一定防止类似问题的重复发生，这可以进一步获得客户的好感。同时，你也确实需要搞明白抱怨到底是怎么产生的。一声抱怨往往暴露出你销售工作中的弱点，要以此为鉴，防止类似抱怨的重复出现。

面对客户的投诉，你如果在态度上能积极一点、主动一点，语言上真诚一点、善意一点，一定会将客户的不满化解于无形。

平息怨气，措辞不当会火上加油

一位女士来到一家服装店，销售人员问："您好，有什么需要帮助的吗？"

"我上个星期在这里买了一套衣服，但昨天用洗衣机洗过以后，却出现了严重缩水的现象，这是怎么回事？"

"这款衣服啊，其他客户都没有反应过类似问题。你确定你的洗涤方法

是正确的吗？"

"是啊。"

"那你在洗过衣服之后，有没有把它拉展一下？"

"为什么？"

"这种料子的衣服必须这样处理，你在购买的时候我告诉过你了。"

"没有。早知道我就不买了。"

"我早就告诉过你，要看衣服牌子后的说明，算了。我再拿一套给你吧。"

"我不要另外一套，我要退货，请将钱退给我。"

与客户进行争论甚至于批评客户，这是销售人员最大的失误，在上面的事例中，衣服缩水很明显是客户没有认真看这款衣服的洗涤说明所致。但因为销售人员以批评的语气对客户说话，严重挫伤了客户的自尊心，让客户丢了面子，导致了矛盾的产生。

不管客户的措辞如何偏激，销售人员都尽量不要和客户争辩，因为争辩不是说服客户的好方法。不论你和客户争辩什么，你都得不到好处。如果客户赢了，他就不会认可你这个人和你的产品；如果你赢了，并且证明客户是错误的，他会感到自尊心受到了伤害，你就会失去客户。

当销售人员听完客户的投诉后，必须明确客户投诉的问题所在，责任所在。如果责任在产品或销售人员这方，销售人员应该毫不犹豫地向客户道歉，并提出相应的补救办法；如果责任在客户一方，因为他的使用不当或者错误操作导致了问题的发生，销售人员应该婉转地指出错误所在，不能正面直接批评客户。如："先生，这个问题是因为错误操作造成的，说明书上有详细的操作方法，是我的问题，很抱歉在您购买产品的时候没有详细讲解给您听，我现在讲给您好吗？"

当客户发现问题在自己，而你又这么委婉时，他就不会对你再有什么恶意，而是在心中充满了感激。

让我们来观察一下航空公司的空中服务人员。我们很少看到他们对乘客发号施令。他们不会开口就语气生硬地说:"你必须……""你一定要……"而常常和颜悦色地说:"我需要……"或"我们需要……"然后才委婉地说出他们想做什么。他们的言行就很得体。乘客憋在狭小的空间里心情本来就很烦躁,他们可不想激怒乘客。空中小姐对乘客说:"如果您愿意坐在位子上等候"等,这种客气话乘客听了感觉非常好,他们会很合作,绝不会作对。

千万不要说:"小姐,如果你不这样照办…我就……(先生,如果你不……我就没法帮你);这位女士,你必须……(先生,我们必须照章办事……)"

不要轻易对客户说"不"。"不,我们今天没办法给你做。"这话会让客户觉得在拒绝他。"我们可以在明天为您办理这事。"这就好多了。"不,绝对不可能。"这话说得太绝对了,不给客户一点余地,也就是不给自己余地。不如说:"让我想想,有没有办法做到。"说话总要留余地,这样说听起来感觉就好多了。

由此可见,要消除愤怒的客户的敌意,关键还是在"你一言我一语"的学问中,举例说明如下:

"让我们好好想想,我们该怎么做才能共同解决……"

"我理解您的心情,但我很乐意与您共同努力来解决这个问题……"

"这样吧,我们会为您……"

除了使用贴切的字眼之外,还要注意各种有助于和顾客建立伙伴关系的行为,其中包括:

调查:"让我们来弄清事情到底是怎么回事。"

建议:"我们最好这么做。"

向客户询问或倾听他们的意见:"来吧,跟我说说事情究竟是怎么发生的,我也很想知道。"

分析:"别着急,我们可以一步一步慢慢来。"

确认:"我这样理解对吗? 您看我想的是不是完全正确? "

　　总而言之，每当遇到客户抱怨时，销售员必须配合适当的态度、声音和措辞。除了态度和声音之外，要让抱怨的客户心悦诚服，关键在于销售员措辞的技巧，如果措辞运用不当反而会弄巧成拙，那些原本能解决的事也会变得不可解决了。

　　经验告诉我们，如果能在措辞中恰如其分地遣词造句，能有效地缓解客户的不满情绪，在与愤怒的客户打交道时，这一点尤为重要。

化解矛盾，服务禁语不出口

　　面对客户投诉时，销售员要保持冷静和平和的心态，切不可用一些不恰当的词，说一些不该说的话。

1. 我们、你

　　这两个称谓意味着和客户划清界限，意味着对立面，意味着两种意见，要用"咱们""您"来代替。

2. 我们没有错

　　很多没有经验的销售员会跟客户讲"我们都是按要求操作的""一直以来我们都是这么做的"，潜台词就是"我们没有错"，"是你错了"。

3. 他们还不如我们

　　有时客户会用其他单位和我们对比，来反衬出对我们的不满，这时千万不要列举另一家机构的问题来抨击客户错误的判断，这种"他们还不如我们"的态度是在否定客户，客户会认为我们在抬杠。

4. 不是我负责

　　有的销售员经常会告诉客户"对不起，这笔业务当时不是我负责的"，这句话的潜台词是"跟我没有关系，找我也没用"，这是一种推脱的表现。此时应该说"虽然这笔业务不是我操作的，但我会尽快联系当事人，核实当时的情况，实在不行再联系我们领导，您放心，会尽快帮您找到答案"。

5. 找领导去

面对情绪激动或无理取闹的客户时，有的销售员也容易激动，容易脱口而出"找领导去解决，我说了不算"，这其实是一种推诿的表现，如果客户都去找领导解决问题，领导岂不是要忙死？

6. 领导不在

如果领导真的不在也不要快速地回答客户"领导不在"，因为这样很容易让客户觉得领导有意回避，而是要做出联系领导的举动，稍等片刻后再告诉客户"不好意思，我们领导开会还没结束，您可以再稍等一下，或者让我们领导给您回电话"。

7. 不知道

销售人员千万不要说"我不知道"，这样的回答容易让客户误会我们对其过于轻视，如果真的不清楚应该说"对不起，因为我工作时间较短，经验不足，我向我们领导请教一下再回答您，或者让我们领导直接回答您，行吗"。

8. 您没听懂

永远不要对客户否定，对客户永远都是肯定，然后再委婉地解释，即使客户真的没听懂，也要说"对不起，是我没说清楚，我再跟您解释一下"。

9. 解决不了

解决不了是对客户期望的直接否定，容易使客户产生对抗心理，对于确实解决不了的投诉，也要采取委婉缓冲的回答，可以委婉地说"您的要求确实超出了我们的能力范围""我也想帮您处理，但我们的规章制度确实不能逾越"，或者采用缓冲的说法"我先把您的要求记下了，马上向上级反映，也许您这个是特例就可以解决呢""今天解决有难度，也许明天后天就有解决的方法，我们已经记好您的情况，如果有新的进展，会立即通知您"。

10. 我绝对没说过这种话

每个人都会寻找借口来掩盖自己的过失，推卸自己本应该承担的责任。

在面对客户的质疑时，有些销售员会以"我绝对没说过这种话"来撇清自己的责任。我们暂且不管销售员是否说过这样的话，许过那样的承诺，在面对客户的质疑时都不应该这样说。这样说，只会加深误解、激化矛盾，使得事情越来越复杂。如果你的确没有说过或承诺过，完全可以等矛盾平息，对方的情绪稳定下来后再做解释。